KB074964

물이 되어라, 친구여 —— 이소룡 어록

물이 되어라,
친구여

이소룡 어록

이소룡 지음 | 존 리틀 엮음 | 홍석윤 옮김

P 필로소픽

헌사

문화와 배경을 넘어 이소룡과 더불어
'하늘 아래 모든 사람이 한 가족'임을 깨닫고,
그렇게 생각하지 않는 이들에게
담대하게 의문을 제기할 수 있는,
이 세상의 모든 남성과 여성에게 이 책을 바친다.
우리 모두에게 더 밝은 미래를 가져다줄 수 있는 것은
바로 당신이 지닌 용기와 '놀라운 생각'이다.

이소룡의
사상을
회고하며

이소룡은 탁월한 스승이었다. 그는 철학을 가르쳤고, 지식과 지혜를 널리 펼치려고 애썼다. 평생을 진실하게 살았고, 자신이 옳다고 믿는 것을 행하려고 노력했다. 이소룡의 삶이야말로 어떻게 살아야 하는지를 분명히 보여주는 모범 사례다. 무슨 일을 하든지 최선의 정직과 최고의 헌신으로 행하라. 그는 나에게 거의 절대적으로 영향을 미쳤다.

— 카림 압둘자바

이소룡의 철학은, 모순된 가르침으로 모든 진리를 가장 단순하게 설명하는 선禪의 근본으로 항상 돌아가는 것 같다. 그의 가르침은 가르침의 모습을 하지 않은 가르침이었다. 교사는 아니었지만, 내가 아는 한, 그는 가장 위대한 스승이었다.

— 스털링 실리펀트

이소룡은 어떤 질문을 받더라도 결코 그것에 대해 오래 생각할 필요가 없었다. 그저 무심하게 대답을 던질 뿐이었다. 그는 말이 많지 않았지만 요점을 놓치는 법이 없었다. 또한 누군가가 걱정하는 모습을 보면 그에게 꼭 맞는 핵심을 찌르며 조언해주곤 했다. 마치 옷에서 먼지를 털어내듯 그에게서 귀신을 떼어내는 것처럼 보였다. 만약 당신이 뭔가를 무서워한다면, 이소룡은 그 사실을 벌써 알아채고 이렇게 말할 것이다. "그걸 무서워했군. 이런 식으로 한번 바라보게나." 그는 그것에 대해 당신이 가진 생각을 완전히 바꿔줄 것이다. 이소룡은 모든 것에 대해 자신만의 답을 가지고 있었다.

— 밥 브레머(이소룡의 제자)

나는 이소룡이 일상생활을 깊이 사유한 탁월한 철학자였다고 생각한다. 그는 항상 자신이 누구인지 알기 위해 치열하게 몰두했다. 그는 사람들에게 항상 "당신 자신을 알라"라고 말하고 다녔다. 그가 습득한 지혜는 모두 자신을 아는 것에서 비롯되었다. 나는 그 문제에 대해 그와 꽤 오랫동안 토론하곤 했다. 우리가 살면서 무슨 일을 하든, 자기 자신을 모른다면 인생의 어떤 것도 올바로 판단할 수 없을 것이다. 자신을 아는 것이야말로 오늘날 훌륭한 인간의 징표다. 나는 그렇게 생각한다.

— 스티브 매퀸

이소룡과 나는 한 시간 동안 같이 일하고 나면 또 한 시간 동안 많은 주제로 토론하곤 했다. 그는 인생과 무술을 분리해서 생각하지 않았다. 내가 아는 한, 그는 무술을 진정한 예술의 경지까지 승화시킨 유일한 사람이다.

— 제임스 코번

이소룡의
철학

이소룡은 많은 이들에게 영감을 불러일으켰다. 이소룡의 영화 팬들은 그의 환상적인 몸매에 매료되었고, 무술가들은 실전 무술에 대한 그의 깊은 이해에 경외심을 보였다. 반면 어떤 이들은 무술의 정신적 측면과 신체적 측면을 하나의 삶의 방식으로 통합한 그의 근본 철학에서 인생의 지침을 발견하기도 했다.

이소룡은 대학에서 철학을 전공했는데, 이를 계기로 그는 평생 동안 세계 주요 사상가들의 사상을 탐구하게 되었다. 그는 특정한 문화나 시대에 국한하지 않고, 동서고금을 막론한 수백 권의 철학 책을 수집, 탐독하여 자신의 영적 성장에 도움이 될 교리들을 그러모았다.

이소룡은 끊임없는 배움의 과정을 통해 자신만의 철학을 발전시켰다. 그의 철학에서 핵심이 되는 사상은 더 큰 '나'를 깨달음으로써 영적 자유를 얻으라는 것이었다. 그는 진리를 깨닫고 현실을 이해하려면 먼저 선입관과 편견, 조건 반응에서 자유로워져야 한다고 생각했다. 그에게 무술은 잠재력을 확장하고 이를 사람들과 공유하게 해준 매개체였다. 무술을 가르치는 데에도 탁월한 재능이 있었던 그는 종종 이렇게 말하곤 했다.

스승은 진리를 직접 가져다주는 사람이 아니다. 그저 제자들이 스스로 진리를 찾을 수 있도록 길을 안내하고 가리켜주는 사람일 뿐이다. 훌륭한 스승이란 그저 촉매 역할을 하는 사람이다.

다음은 이소룡이 새로 들어오는 제자들에게 해주던 유명한 이야기 중 하나인 '빈 찻잔'에 대한 이야기다.

꽤 학식이 높은 사람이 선사를 찾아가 선禪이 무엇인지 물었다. 선사가 대답을 하는데 그 학자가 자꾸 선사의 말을 가로채며 이러쿵저러쿵 자기 의견을 늘어놓았다. 그러자 선사는 말을 멈추고 그 학자에게 차를 한 잔 따라주었다. 그런데 찻잔이 넘치는데도 계속 차를 따르는 게 아닌가.
학자가 말했다.
"그만, 잔이 넘칩니다. 그만 부으세요."
그러자 선사가 답했다.
"이 찻잔처럼 당신의 마음도 자기 의견으로 가득 차 있소. 먼저 당신의 잔을 비우지 않으면 어떻게 내 차를 맛볼 수 있겠소?"

특정한 스타일의 무술이나 철학을 곧이곧대로 수용하지 않았던 이소룡은 제자들에게도 자신의 가르침을 아무 의심 없이 받아들이지 말라고 권고했다. 모든 것을 항상 유연하게 받아들일 마음자세와 감각을 유지하면서도 비판적으로 사고하는 능력을 키우라고 강조했다. 질문과 논쟁, 수련의 과정을 거쳐야 자신의 신체적 강점과 약점을 이해할 수 있고, 나아가 정신과 육체와 영혼이 조화롭게 합일된 경지에 이르게 하는 근본 진리를 발견할 수 있다는 생각이었다.

이소룡의 가르침은 사람들에게 다양한 방식으로 영향을 미쳤다. 그는 종종 무술가들의 정형화된 훈련 유형을 뒤집거나, 교리의 맹목적 수용을 재고하게 함으로써 사람들을 당혹스럽게 만들곤 했다. 이소룡과 직접적으로 함께 공부한 사람이나 이소룡의 책을 통해 그를 알게 된 사람들은 이런 그의 가르침에서 영감을 얻었다. 그리하여 이전에 자신을 짓눌렀던 한계를 넘어 잠재력을 계발하고 심신을 조절했으며, 마침내 자신감으로 두려움을 이겨내는 수준까지 도달할 수 있었다.

이소룡은 스스로 시범을 보임으로써 자신을 따르는 제자들이 창의적으로 삶의 방향을 결정할 수 있도록 격려했다. 그는 으레 미소를 지으며 이렇게 말하곤 했다.

환경 탓이라고? 허튼소리! 환경은 나 스스로 만드는 거야!

그는 자신의 목표를 추구하고 실현하려 할 때 절대 역경을 탓

하지 않았다. 언제나 그가 문제를 푸는 방법은 걸림돌을 디딤돌로 바꾸는 것이었다. 예를 들자면 등에 부상을 입어 6개월 동안 침대에서 꼼짝 못 하게 되자, 그는 그 기회를 이용해 자신의 훈련 방법과 철학 사상을 여러 권의 책으로 편찬했다.*

이소룡은 목적의 화신이었다. 그는 자신이 상상하던 것보다 훨씬 더 위대하게 목적을 완수했다. 이소룡의 정신은 앞으로도 영감을 불러일으키는 원천으로서 젊은이들이 심신을 연마하여 자기 안에서 최선을 끌어내도록 동기를 부여할 것이다. 많은 팬이 "이소룡이 내 인생을 크게 바꾸었다"라고 말한 대로.

린다 리 캐드웰

---

* 편집자 주: 이 기간 동안 쓴 책에 대해서는 이 책과는 별도로 '브루스 리 라이브러리 시리즈Bruce Lee Library Series'의《절권도截拳道 —이소룡이 말하는 무도武道의 길Jeet Kune Do—Bruce Lee's Commentaries on the Martial Way》과《이소룡 —삶의 예술가Bruce Lee—Artist of Life》를 참조할 것.

자유로운
영혼을 위한
책

자아실현은 아주 중요하다. 내가 개인적으로 사람들에게 전하고
자 하는 메시지는 피상적인 자아실현이 아닌 참된 자아실현을
향해 나아가기를 바란다는 것이다. 나는 사람들이 내면에 있는
진솔한 자신의 모습을 찾아가기를 바란다.

— 이소룡

이소룡은 세상을 바꾼 인물이다. 그의 탁월함은 무술계와 영
화계를 뒤흔들었을 뿐 아니라 수많은 제자들과 팬들의 사적인 세
계까지 완전히 변화시켰다. 그가 끼친 영향은 단지 스쳐 지나가
는 유행이 아니었다. 수십 년이 지난 지금까지도 사회 각계각층
의 사람들에게 끊임없이 영감을 불러일으키고 가슴을 두근거리
게 한다. 이소룡의 사상에 대한 관심도 계속 커지고 있다. 많은

사람들이 그를 이 시대의 철학자이자 선각자로 여기며, 그의 어록에서 **당대의 문제**에 대한 해결책을 발견하고, 그에게서 수련과 용기, 지혜의 모델을 찾는다. 이소룡의 철학은 우리에게 진보하는 세계, 고통 없는 세상, 무지와 미신과 부패에서 벗어난 깨달음의 세계라는 비전을 제시해준다. 그의 말을 빌리자면 **사랑과 평화와 형제애**가 깃든 세상이다.

이소룡에게 철학이란 강단 학자의 전문 영역이 아니라, 인간의 영혼을 탐구하는 가장 위대한 모험의 세계로 들어가는 관문이었다. 그에게 철학은 인간이 지닌 가능성의 한계를 조명하고 의심과 불안의 그림자를 지워주는 것이었다. 그저 남을 추종하는 데 만족하는 사람들과 달리, 이소룡은 진리를 향한 자신만의 길을 꿋꿋이 개척했다. 또한 자신만의 길을 찾기 위해 그의 통찰력을 공유하고 싶어 하는 사람들을 주저하지 않고 격려했다. 이소룡은 개인의 권리와 발전을 옹호하는 투사였는데, 이 두 가지는 그 자체로 목적인 개인의 존엄성을 강조했다. 또한 그는 인간 공동체와 같은 더 큰 대의를 옹호하면서 참된 형제애를 가로막는 국적, 민족, 계급 같은 인위적 장벽을 제거해야 모든 사람이 평등하고 독립적인 존재로서 평화롭게 공존할 수 있다고 말했다.

이소룡은 외부 권위에 맹목적으로 복종하기를 단호히 거부했다. 그는 사람들에게 자신과 자신의 삶을 최고의 가치로 여기고 지키라고 촉구했다. 그리고 자신의 판단에 따라 살고 관습과 여론에도 기꺼이 홀로 맞서는 '삶의 예술가'를 찬양하는 책을 썼다. 이소룡은 "우리는 자기가 직접 창조한 것보다 남을 모방한 것을 더 잘 믿는다"라고 꼬집으면서, 그 결과 우리가 가장 걱정하는 문제의 답을 우리 자신이 아닌 다른 사람에게서 찾으려 한다고 지적했다. 너무나 많은 사람이 누구를 믿어야 할지 혼란스러워하며 자신의 감정을 의심하고 미래를 확신하지 못한다. 자신의 문제를 다른 사람에게 떠넘기거나 자신의 '진짜' 문제가 무엇인지를 다른 사람이 결정하게 내버려둠으로써 영혼이 빈곤해지고 정신은 무력해진다.

이 책《물이 되어라, 친구여: 이소룡 어록》은 어떻게 살 것인지를 결정할 때 어떤 교리나 집단에 의존하기보다 마음이 움직이는 대로 살기를 선택한 자유로운 영혼을 위한 책이다. 총 8부로 구성되고 72가지 주제로 엮인 825개의 아포리즘이 담긴 이 책은 진부한 이야기나 독단적인 교리에서는 찾을 수 없는 진리를 스스로 추구해온 사람들에게 방향을 제시한다. 이 책을 읽으면서 독자들은 이소룡이 그저 그럴싸한 미사여구를 손쉽게 늘어놓은 게 아니라 자신만의 길을 찾을 수 있는 방법을 제시했음을 발견할 것이다. 당신이 고통스러워하고 의기소침해져 있거나 근심걱정에 싸여 있다면, 그의 말에서 힘을 얻고 상처 입은 영혼을 위로해주는 깨달음과 통찰을 얻을 것이다.

어떻게 그렇게 장담할 수 있느냐고? 나 역시 그랬기 때문이다. 또한 전 세계 각계각층의 수많은 사람들이 '이소룡 교육 재단Bruce Lee Educational Foundation'에 손수 편지와 이메일을 보내 그렇게 증언한다. 이 책을 읽으면 이소룡의 사상이 얼마나 매력적인지 어렵지 않게 알 수 있을 것이다. 그의 진솔함은 우리의 불안과 두려움을 완전히 누그러뜨리고, 다른 사람은 생각조차 하기 어려운 것을 담대하게 말한다. 그는 다른 사람이라면 족히 한 챕터는 필요할 만큼 심오한 내용을 단 한 줄의 문장에 담아내는 재능이 있었다. 그의 아포리즘은 마치 전망 좋은 산 정상에 올라, 살아가는 방법과 온갖 신비가 펼쳐진 모습을 한눈에 내려다보는 것과 같다. 이런 심오한 사상이 불과 서른두 해밖에 살지 못한 그의 삶에서 나왔다는 사실이 실로 놀랍지 않은가.

이 책의 원제 '놀라운 생각Striking Thoughts'은 이소룡이 인도 철학자 지두 크리슈나무르티Jiddu Krishnamurti의《자기로부터의 혁명 First and Last Freedom》을 읽고 필사한 금언 모음의 제목에서 따온 것이다. 그러나 그가 '놀라운 생각'을 메모하는(나중에는 녹음하는) 것은 홍콩에서 보낸 어린 시절부터 형성된 습관이었다. 이 책에는 그가 기자, 친구, 동료 들과 나눈 대화나 인터뷰, 편지에서 언급된 '놀라운 생각'이 담겨 있다. 나머지는 이소룡이 영감을 받아 직접 쓴 글인데, 아마도 나중에 사용할 목적으로 썼을 것이다. 그는 이러한 아이디어들이 머릿속에서 사라지기 전에 재빨리 기록으로 남겼다. 또 다른 글들은 그가 책을 읽으면서 책 여백에 써놓은 것들인데, 이것들 역시 이소룡이 다른 작가나 철학자의 관점을 면밀히 검토하면서 떠올린 '놀라운 생각'이다.

이소룡의 서재에는 다양한 문화권의 철학자들과 현자들이 집필한 저서들이 소장되어 있었다. 그는 이런 책들을 통해, 개인적으로 직접 만난 사람들과는 다른 이들이 기쁨과 고통으로 점철된 인생을 실제로 어떻게 보았는지 더 넓게 이해할 수 있었다. 다양한 사색의 가능성을 실험하고 싶어 했고, 삶 자체가 몹시 어둡고 불확실할 때 섣부른 결론을 내리기보다는 자신의 마음을 분명히 정리하고자 했던 이소룡에게 그들의 다양한 견해는 삶의 도구로서 큰 도움이 되었다. 독단적 결론을 내리는 것은 생각이라는 배가 방향을 잃은 상태와 같다고 그는 믿었다.

이소룡이 가장 선호한 교육과 문학의 형식은 아포리즘이었다. 이 책도 아포리즘 방식을 따랐다. 이 책은《바틀릿의 친숙한 인용구 Bartlett's Familiar Quotations》(미국 작가 존 바틀릿이 1885년에 펴낸 격언 모음집—옮긴이)처럼 읽을 수도 있겠지만, 어떤 방식으로 읽든 독자들은 결국 평소 이소룡에게 얼마나 깊이 관심이 있었느냐에 따라 그에 상응하는 교훈을 얻을 것이다. 이소룡이 이 책에서 말을 거는 대상은 여러분 개개인이다. 이소룡은 이 책을 삶에 대해 개인적으로 느낀 바를 표현하기 위해 썼지, 무엇에 찬성하거나 반대하는 논쟁의 독단적 무기로 사용하기 위해 쓰지 않았음을 유념해야 한다. 이소룡은 철학의 영역에서는 '적을수록 풍요롭다'는 점을 잘 알고 있었다. 바로 이런 이유 때문에 그의 글들, 특히 아포리즘은 복잡하고 따분한 전통 철학을 우아하게 뛰어넘어, 형이상학이나 인식론 같은 철학 약을 과다 복용하는 데 익숙해진 사람들에게 신선한 공기와 같은 역할을 한다. 이소룡의 격언은 '어떤 상황에 필요한 진심 어린 도움'을 주기 위한 것이지, 추상적 지식이 아니다. 설령 그런 추상적 지식이 타당하다고 증명된다 하더라도 말이다. 이소룡 스스로도 다음과 같이 말했다.

인간의 목표는 행동이지 생각이 아니다. 비록 그 생각이 아주 고상한 것이라 하더라도.

이소룡의 격언은 대개 익숙하면서 중요한 인생의 한 측면을 다루면서 시작된다. 그러고는 그 측면을 해당 주제의 기존 관념에 내재된 문제점과 연결함으로써 사람들을 일깨운다. 이소룡의 설명 방식은 읽는 이가 스스로 그 문제에 대해 생각하고 **자신만의** 답을 얻도록 이끈다. 그는 항상 제자들에게 (도장에서나 책을 통해서나) 추종하지도 반대하지도 말고 오직 **성장해야** 한다고 강조했다.

이소룡은 자신에 대해, 그리고 진리라고 가정된 것에 대해 끊임없이 질문을 제기함으로써 그 문제에 대한 전통적 견해가 부적절함을 우리에게 보여준다. 이런 질문법은 우리가 참된 이해를 얻는 데 필수적인 바탕을 제공한다. 이소룡이 직접 말했듯이, '새로운 것이 성장하려면 기존의 것과 차이를 대조해보는 것'이 유일한 방법이다. 그는 자신이 아는 답을 우리에게 알려준다 하더라도 아무런 도움이 되지 않을 거라고 단호히 말한다. 우리 스스로 그 답이 타당한지 아닌지 알아내야 한다는 게 그가 한 말의 본질이다. 그는 자신이 어떤 대답을 내놓는다 한들, 각자 독립적인 생각을 바탕으로 그 답의 타당성을 따져보지 않는 한, 다른 이들에게 아무 소용이 없다고 생각했다. 이것이 그의 철학서가 우리를 우리의 마음속으로, 나아가 철학의 영역으로 이끌어주는 성공적인 도구인 이유다.

조사와 탐구의 과정도 중요하지만, 그와 더불어 우리가 내리는 '결론'이 특별하거나 우선적일 수 없다는 사실을 꼭 알아야 한다. 어떠한 가정이나 신념도 끝없이 의문에 노출될 수밖에 없기 때문이다. 그러한 결론은 단지 우리가 살아가는 내내 수행해야 할 탐구 과정의 중간 기착지에 불과하다. 이소룡은 자신의 견해가 제자들에게 자칫 교조적으로 받아들여질 수 있음을 인식했다. 그래서 소크라테스 식 방법을 사용하여 제자들(과 독자들)이 자신들을 짓누르는 실존의 문제를 자기 내면으로부터 맞서고 다룰 수 있도록 도왔다. 이소룡은 하나의 '길'이 있다면 그것은 틀림없이 다른 사람의 길이지 당신의 길이 아니라며, 만약 그 길을 따른다면 당신 내면의 진리로부터 더 멀어질 뿐이라고 주장했다. 자유로운 영혼이 되려면 이 책뿐만 아니라 다른 어떤 책도 자명한 진리로 받아들여서는 안 된다고 말한 것은 바로 그래서이다. 그런 책들이 오히려 또 다른 외부의 권위가 될 수 있기 때문이다.

진리를 추구할 때는 독립적으로 탐구해야 한다. 결코 다른 사람의 견해나 책에 의존하지 마라.

이소룡은 자신의 마지막 영화 〈용쟁호투Enter the Dragon〉에서 이렇게 경고했다.

그건 달을 가리키는 손가락 같은 거야. 손가락에 마음을 빼앗겨선 안 돼. 그랬다간 하늘의 아름다움을 놓치게 되지.

이 책의 목적은 두 가지다. 하나는 이소룡과 교감하는 것이고, 다른 하나는 당신 자신과 소통하는 것이다. 이소룡이 자신의 가르침에 관해 알려주는 다음의 조언이 바로 그 이야기를 하고 있다.

산다는 것은 끊임없이 관계를 맺는 과정이다. 그러니 고립과 자신만의 결론이라는 껍질을 벗고 사람들이 하는 말에 **직접** 귀를 기울여라. 명심하라. 나는 당신의 동의를 구하지 않으며, 당신에게 영향을 미칠 생각도 없다. '이건 이것이고' '저건 저것이다'라고 단정하지도 마라. 당신이 지금부터 스스로 모든 것을 배우고 탐구한다면, 내게 그보다 만족스러운 일은 없을 것이다.

이소룡이 이 책에서 당신과 나누는 이야기는 오직 당신만의 해석을 위한 것이다. 그 이야기로 무엇을 할지는 전적으로 당신 몫이다.

존 리틀

진리를 추구할 때는 독립적으로 탐구해야 한다. 결코 다른 사람의 견해나 책에 의존하지 마라.

차례

1부

——

첫 번째 원칙

01 ───── Life

삶

먼저 너를 비워라

내 잔의 물을 마시려면 먼저 너의 잔을 비워야 한다. 친구여, 고
정 관념과 선입견을 모두 버리고 중용에 머물러라. 이 잔이 왜 쓸
모가 있는지 아는가? 비어 있기 때문이다.

삶의 흐름에 올라타라

친구여, 같은 강물에 두 번 발을 담글 수는 없다. 흐르는 물처럼
우리 인생도 끊임없이 흐른다. 변하지 않는 것은 없다. 기억하라,
앞으로 어떤 어려운 상황이 닥쳐와도 그것이 변치 않고 머물 수
는 없다는 것을. 살아 있는 영혼과 더불어 움직여야 한다. 그러지
않으면 흐름을 막아보려는 인위적인 부자연스러움에 휩쓸릴 것
이다. 그렇게 되지 않으려면 항상 유연하게 변화할 수 있어야 한
다. 잊지 마라, 잔의 쓸모는 비어 있음에 있다는 것을.

삶에는 경계가 없다

삶은 넓고 한계가 없다. 국경도 없고 경계도 없다.

산다는 것은 끊임없이 관계 맺는 과정이다

산다는 것은 끊임없이 관계를 맺는 과정이다. 그러니 고립과 자신만의 결론이라는 껍질을 벗고 사람들이 하는 말에 **직접** 귀를 기울여라. 명심하라. 나는 당신의 동의를 구하지 않으며, 당신에게 영향을 미칠 생각도 없다. '이건 이것이다' '저건 저것이다'라고 단정하지도 마라. 당신이 지금부터 스스로 모든 것을 배우고 탐구한다면, 내게 그보다 만족스러운 일은 없을 것이다.

삶은 그저 존재한다

생명이 우리를 통해 그 흐름을 방해받지 않고 살아갈 때, 삶이 존재한다. 살아가는 사람은 산다는 것을 의식하지 않으며, 바로 이 점에서 그 자신이 삶 자체가 된다. 인생은 그냥 사는 것이다. 그런 삶의 흐름 속에서는 어떤 의문도 떠오르지 않는다. 인생은 바로 현재를 사는 것이니까! 그러니 진정한 삶을 살고자 한다면 삶은 그저 **존재한다는 것**을 알아야 한다.

삶은 그 자체가 목적이다

삶은 그저 '사는 것'이지 '무엇을 위해 사는 것'이 아님을 명심하라.

삶의 의미

삶의 의미는 그냥 삶을 **사는** 데 있다. 삶은 무엇과도 바꿀 수 없고, 개념화될 수도 없으며, 틀 안에 억지로 끼워 맞출 수도 없다.

삶은 감정의 결과다

삶은 단지 우리의 감정이 우리에게 행하는 것이다.

삶에서 의미를 찾는다는 것

대체로 나의 계획과 행동의 목적은 삶에서 진정한 의미를 찾는 것, 그래서 마음의 평화를 얻는 것이다. 마음의 평화를 얻기 위해서는 도교와 선禪에서 가르치는 초연함detachment이 중요하다.

삶의 비밀

"무릇 마음이 품은 생각대로 사람됨이 그대로 나타나니"라는 잠언의 구절*은 삶의 비밀을 담고 있다. 제임스 앨런James Allen은 거기에 "그가 하는 생각이 바로 그 사람이다"라고 덧붙였다. 이 말이 놀라울 수도 있지만, 모든 것은 마음의 상태일 뿐이다.

의미는 관계에서 발견된다

삶의 의미는 전경前景의 인물이 배경과 맺는 관계다.

통제와 조종은 인생의 궁극의 즐거움을 주지 않는다

통제와 조종으로 인생의 궁극의 즐거움을 얻을 수 없다는 것을 깨달아야 한다. 궁극의 즐거움이란 진실해지는 것, 당당히 서는 법을 아는 것, 완전한 인격에 도달하기 위해 마음의 중심을 수련하는 것, 그리하여 무위자연無爲自然의 경지에 오르는 것이다. 그렇다, 그렇다, 그렇다!

---

* 잠언 23:7에도 나오는 말이다. "대저 그 마음의 생각이 어떠하면 그 위인도 그러한즉."

인생의 정수

인생의 정수는 영혼의 자유로운 움직임이다. 그것이 본래의 진
수다.

폭력도 삶의 일부다

폭력과 공격성은 오늘날 일상의 일부라는 점을 잊어서는 안 된
다. 텔레비전에서도 자주 볼 수 있지 않은가. 마치 폭력이 존재하
지 않는 척할 수는 없다.

삶의 원칙

삶은 결코 멈춰 있는 법이 없다. 끝없이 움직인다. 삶은 끝없이
바뀔 뿐만 아니라 불규칙하게 움직인다. 모든 사물은 움직임으로
써 살아 있으며, 움직이면서 강해진다.

삶은 즐겁지 않을 때도 있다

삶은 끊임없이 흐르는 과정이다. 그 길 어딘가에서는 즐겁지 않

은 일도 생긴다. 그 일이 상처를 남길 수도 있지만, 그런 때에도 인생은 계속 흘러간다. 흐르는 물이 그러하듯 인생도 멈추면 곰팡내가 난다. 그러니 용감하게 전진하라, 친구여. 어떤 경험이든지 우리에게 교훈을 준다. 힘차게 나아가라. 삶은 좋을 때도 있고 그렇지 않을 때도 있는 법이니.

인생의 추는 균형을 요구한다

균형 잡힌 중용만이 오래 지속되며, 그것만이 끝까지 살아남을 수 있다. 어떤 것이든 중도만 보존된다. 인생의 추는 균형을 요구하고, 중도가 바로 균형이기 때문이다.

유연함이 생명이다

유연해져라. 사람은 살아 있을 때 부드럽고 유연하다. 죽으면 뻣뻣해진다. 유연함이 삶이고 뻣뻣함은 곧 죽음이다. 몸이든 마음이든 영혼이든 마찬가지다.

삶이 선생이다

삶 자체가 우리의 스승이며, 우리는 끊임없이 배우는 과정 속에 놓여 있다.

산다는 것은 창조하는 것이다

산다는 것은 표현하는 것이고, 표현하기 위해서는 창조해야 한다. 창조는 단순한 반복이 아니다. 산다는 것은 창조 속에서 자유롭게 자기를 표현하는 것이다.

삶의 과정

인생은 끝없이 발전하는 과정이다. 이 과정에서 우리는 그 흐름을 타고 자아를 실현하고 넓히는 방법을 찾아야 한다.

생명은 통째로 하나다

모든 생명이 통째로 하나라는 사실은, 자신의 운명을 **전체**에서 분리해 생각하려는 잘못된 자아 관념을 확실히 버릴 때 비로소 온전히 깨달을 수 있는 진리다.

단순한 삶이 가장 완전한 삶이다

단순한 삶이란, 이익에 초연하고 약삭빠르지 않으며 이기심을 없애고 욕망을 줄이는 소박한 삶이다. 그런 삶은 불완전한 듯하면서도 완전하고, 비어 있는 듯하면서도 충만하다. 그런 삶은 또한 빛처럼 밝지만 눈부시지는 않다. 한마디로 그런 삶에는 조화와 통일, 자족과 평온, 절제와 깨우침, 평화와 장수가 따른다.

삶은 매 순간 새롭게 이해되어야 한다

삶에 정답은 없다. 매 순간 새롭게 이해되어야 한다. 우리가 당연하다고 여기는 답은 우리가 알고 있다고 생각하는 패턴에 짜 맞추어진 답일 뿐이다.

너 자신을 마음껏 즐겨라

잊지 마라, 친구여. 네가 이룬 것만 즐기지 말고 계획까지 즐겨라. 부정적인 데 힘을 낭비하기에는 인생이 너무 짧다.

존재

존재와 반존재

존재의 반대는 무엇일까? 언뜻 '비非존재'가 떠오르겠지만, 그렇
지 않다. 존재의 반대는 반反존재다. 물질의 반대가 반물질인 것
처럼.

존재는 의식에 앞선다

기본적인 사실은, 내가 생각한다는 것이 아니라 내가 살아간다는
것이다. 생각하지 않는 사람도 살아갈 수 있기 때문이다. 비록 이
런 삶이 진정한 삶은 아닐지라도 말이다. 맙소사! 우리가 결혼 생
활을 하면서 그 이유를 찾으려 하는 것은 얼마나 모순적인지!

존재는 역동적이다

존재는 정적인 상태와 거리가 멀며, 변함없이 지속되는 것이 아니다.

'나는 존재한다, 고로 생각한다'

진실은 '나는 존재한다, 고로 생각한다'이다. 비록 존재하는 모든 것이 생각을 하는 건 아니지만. 의식적인 생각이란 무엇보다도 **존재에 대한 의식**이 아닐까? 자아에 대한 의식이나 개체라는 인식이 없다면 순수한 생각이 가능할까? 감정이 결여된 순수한 지식, 느낌이 주는 구체성이 결여된 순수한 지식이 존재할 수 있을까? 우리는 생각을 느끼지 않는가? 뭔가를 알고 행하려는 의지 속에서 자신을 느끼지 않는가?

존재와 인식의 근본적 관계

의심이 곧 생각이다. 생각만이 이 우주에서 유일하게 그 존재를 부정할 수 없다. 왜냐하면 **부정도 생각**이기 때문이다. 누군가가 생각이 존재한다고 말한다면, 거기에는 그렇게 말하는 사람도 존재한다는 게 자동으로 포함된다. 왜냐하면 생각하는 주체를 그 생각의 한 요소로 간주하지 않는 생각은 없기 때문이다.

시간

과거와 현재와 미래

친구여, 과거란 즐겁고 보람되고 만족스러운 일이나 성취에 대한 기억이라 할 수 있다. 현재는? 현재는 도전과 기회라고 생각하라. 다시 말해 너의 재능과 힘을 발휘하라고 받은 상금 같다고 생각하라. 미래는 네가 품은 모든 가치 있는 야망이 실현되는 시간과 장소다.

영원한 순간

'순간'에는 어제도 내일도 없다. 순간은 생각이 만들어낸 개념이 아니며, 따라서 시간을 초월한다.

지식, 깨달음, 시간

분명히 지식을 얻는 것은 늘 시간이 걸리는 문제지만, 깨달음은 시간과 무관하다. 지식은 자료를 찾고 그것을 쌓아 판단을 내림으로써 생기지만, 깨달음은 말하자면 활동이다.

시간의 굴레에서 자유로워지기

자유를 깨달으려면 마음이 시간의 굴레에서 벗어나, 삶을 방대한 움직임으로 보는 법을 배워야 한다. 자유는 의식의 영역 너머에 있기 때문이다. 주의 깊게 관조하라. 그러나 굳이 멈춰 서서 '나는 자유롭다'라는 말의 의미를 해석하려 들지 마라. 그런 생각을 한다면 당신은 이미 지나가고 없는 것의 기억 속에서 살고 있는 셈이다.

시간 활용 vs. 시간 낭비

시간을 활용한다는 것은 시간을 특정한 방식으로 보낸다는 뜻이다. 시간을 낭비했다는 것은 시간을 아무 생각 없이 부주의하게 흘려보냈다는 것이다. 우리는 모두 시간을 활용하거나 낭비하지만, 시간으로 무엇을 할지는 우리의 결정에 달려 있다. 그러나 한 번 흘러가면 영원히 사라지는 게 시간이다.

시간의 가치

시간은 내게 큰 의미가 있다. 나 역시 한 사람의 수행자로서 삶을 꾸준히 발전시키고 단순화하는 기쁨에 빠져들기 때문이다. 삶을 사랑한다면 시간을 낭비하지 마라. 인생은 시간으로 이루어져 있다.

시간과 철학

최근 나의 유일한 문제는 시간이다. 요즘 나는 홍콩과 로스앤젤레스를 일 년에 네댓 차례나 왕복한다. 생계를 유지하기 위해 어쩔 수 없이 하는, 정신분열증을 일으킬 듯한 생활이다. 하긴 그러니까 워싱턴 주립대학교 철학과에서 시간에 대한 강좌를 준비했겠지.

04 ——— The Root

뿌리

삶의 뿌리

삶의 **뿌리**를 이해하도록 최선을 다해야 한다는 사실을 인식하라. 그리고 직접적인 뿌리와 간접적인 뿌리가 실제로는 상호 보완적인 하나의 전체라는 사실을 알아차려라. 뿌리를 이해한다는 것은 사물을 있는 그대로 보고 그 무엇에도 속박되지 않는 것이다. 의식하지 않는 상태가 된다는 것은 상대적이고 경험적인 정신이 작동하지 않는다는 뜻이다. 생각이 어디든 어떤 것에든 머물지 않는 상태, 이것이야말로 진정한 자유다. 이처럼 어디에도 머물지 않는 것이 우리 삶의 뿌리다.

집중력이라는 뿌리

집중력은 인간이 가진 가장 높은 능력의 **뿌리**다.

뿌리를 이해하려고 노력하라

어떤 이파리 하나, 어떤 가지의 모습, 어떤 아름다운 꽃을 좋아하는지를 가지고 논쟁해봤자 무익하다. 뿌리를 이해하면 그 모든 개화開花를 이해하게 될 것이다.

뿌리 vs. 가지

우리가 추구하는 것은 **뿌리**이지 가지가 아니다. 뿌리야말로 진정한 지식이고, 가지는 표면적인 지식에 불과하다. 진정한 지식을 가져야만 '체감體感' 능력과 개성 있는 표현력을 키울 수 있다. 표면적인 지식은 기계적 습관을 불러오고, 능력에 한계를 지우고, 창의성을 억누를 뿐이다.

당신의 온전한 존재를 뿌리에서부터 표현하라

당장 당신의 마음을 활짝 열어라. 그리고 적절한 내면의 시간을 거쳐 당신의 매력적인 존재 전체를 뿌리에서부터 표현하라.

뿌리가 출발점이다

영혼을 표현하려면 뿌리에 바탕을 두어야 한다. 뿌리야말로 모든 자연스러운 표현의 '시작점'이다. 뿌리가 옳다면 뿌리를 표현한 모든 것도 그러할 것이다. 뿌리를 소홀히 하면 뿌리에서 비롯되는 그 무엇도 질서 정연할 수 없다.

현재

현재만이 진실이다

오늘 저녁에 나는 완전히 새로운 것을 보고, 그 새로움을 마음껏 경험한다. 하지만 내일이면 그 경험은 무감각해지고 만다. 그 감각, 그 기쁨을 재현하고 싶어 하지만, 재현은 진짜가 아니기 때문이다. 그 순간에 보는 진실만이 진짜다. 진실은 미래에 있지 않기 때문이다.

현재 속에 모든 것이 들어 있다

지금 여기 외에는 아무것도 존재하지 않는다.

현재는 존재하는 모든 것을 아우른다

과거는 더는 존재하지 않으며, 미래는 아직 존재하지 않는다. **현재** 속에는 여기 있음, 경험, 관계, 현상, 인식이 조화롭게 포함되어 있다.

생생한 순간의 흐름에 올라타라

우리는 항상 생성의 과정 속에 놓여 있다. **그 무엇도 고정되어 있지 않다.** 경직된 사고 체계를 벗어던져라. 그러면 유연해져서 영원히 변하는 것들과 더불어 변할 것이다. 친구여, 마음을 **열고** 흐르는 대로 흘러가라. **마음을 온전히 열고 생생한 순간의 흐름에 올라타라.** 네 마음이 경직되지 않으면 외부의 모든 사물이 스스로 문을 열어줄 것이다. 그러니 물처럼 흘러라. 거울처럼 고요해져라. 메아리처럼 응답하라.

현재를 온전히 자각하라

현재는 '존재하는 것'과 '마땅히 존재해야 하는 것' 사이에 생긴 '공간'이다. 중요한 것은 현재에 대한 온전한 자각이지 고요한 상태에 이르기 위한 훈련이 아니다.

현재를 힘으로 손에 넣을 수는 없다

하지만 남을 비난하지도 않고 자신을 변명하지도 않으면서 비범하게 살아갈 수는 없을까? 바람을 불러올 수는 없을지언정 창문은 열어두어야 한다.

현재 속에 살아라

들어보라. 바람 소리가 들리는가? 새들이 지저귀는 소리가 들리는가? 그런 소리를 **들을 수 있어야 한다**. 마음을 비워라. 물이 어떻게 잔을 채우는지 아는가? 바로 그 잔이 **되는** 것이다. 무無에 대해 생각하라. 너 자신이 무가 **되어라**.

지금 이 순간이 자유다

나는 빡빡한 일정에 맞춰 살 수 없다. 그저 매 순간을 자유롭게 살려고 할 뿐이다. 일어날 일은 일어나는 대로 내버려두자. 거기에 순응하면 될 테니.

현재는 창조적이다

당신이 **현재** 속에 존재한다면, 당신은 창조적일 수 있다.

현재는 또한 독창적이다

당신이 **현재** 속에 존재한다면, 당신은 독창적일 수 있다.

현재 속에는 아무 걱정도 없다

현재 속에 산다면 걱정할 필요가 없다. 지금 하는 자발적 행동 속에 즉시 흥겨움이 흘러들기 때문이다.

현재의 동의어들

다음 말들은 모두 현재와 같은 뜻이다.
- **현재**를 사는 것
- 성숙함
- 진정성
- 자신의 행동/삶에 대한 책임

- 반응 — 능력
- **현재**라는 창조성 이용하기

오늘을 살려면 어제를 죽여라

현재를 이해하고 현재를 살려면 어제의 모든 것을 죽여야 한다. 새롭게 얻은 모든 경험을 끊임없이 버려라. 그리고 **존재하는 것**을 무심하게 인식하는 상태에 머물러라.

현재는 분리될 수 없다

현재는 완전하다. 다시 말해 분리되지 않는 것을 억지로 분리하려는 의식적인 마음이 없는 상태다. 완전한 것이 분리되면 더는 완전하지 않다. 분해된 자동차 부품이 전부 그대로 있다 해도, 그것들이 본연의 기능과 생명을 지닌 자동차라고 할 수 없는 것처럼.

06 ———— Reality

실재

물질과 에너지는 하나다

원자 물리학에서는 물질과 에너지를 구분하지 않으며, 그런 구분
자체가 불가능하다. 그 둘은 본질적으로 하나이거나 동일한 실체
의 양극이기 때문이다. 예전의 기계론적 과학 시대에서 했던 대
로 무게, 길이, 시간 등을 절대적으로 정의하기는 이제 불가능하
다. 아인슈타인, 플랑크, 화이트헤드, 진스 같은 학자들의 연구가
증명한 것처럼.

실재에 대한 서양의 접근법

서양에서는 대개 이론을 통해 실재에 접근한다. 그리고 그 이론
은 실재를 부정함으로써 시작한다. 즉, 실재에 대해 말하고 실재
주위를 맴돌며 우리의 감각을 끄는 모든 것을 포착함으로써 실재
를 그 자체로부터 분리하여 지식화하고 추상화한다.

공이란 과정의 한 형태다

과학에서 우리는 마침내 소크라테스 이전의 철학자인 헤라클레이토스까지 되돌아왔다. 헤라클레이토스는 모든 것은 끝없이 흐르며 변화하는 과정이라고 말했다. 그의 주장에 따르면 '사물'은 존재하지 않는다. 동양에서는 무를 '공空. No-thingness'이라고 한다. 서양에서는 무를 진공, 허공, 비존재로 생각하지만, 동양 철학과 현대 물리학에서 무는 공, 즉 영원히 움직이는 과정의 한 형태다.

'존재'와 '당위' / 존재하는 것과 존재해야 하는 것

존재하는 것이 마땅히 존재해야 하는 것보다 중요하다. 아주 많은 이들이 '마땅히 존재해야 하는 것'을 보는 관점으로 '존재하는 것'을 보고 있다.

실재를 부정하는 서양 철학

서양에서는 대개 이론을 통해 실재에 접근한다. 그리고 그 이론은 실재를 부정함으로써 시작한다. 즉, 실재에 대해 말하고 실재 주위를 맴돌며 우리의 감각을 끄는 모든 것을 포착함으로써 실재를 그 자체로부터 분리하여 지식화하고 추상화한다. 그렇기 때문에 서양 철학에서는 외부 세계가 기본적인 사실이 아니고, 그 존재에 의심을 품을 수 있으며, 외부 세계의 실재가 확인되었다고 주장하는 명제는 전부 자명한 명제가 아니므로 세부적으로 분리해서 해부하고 분석해야 한다고 말한다. 이런 주장은 의식적으로 현실을 외면한 채, 원을 네모로 그리려는 불가능한 일을 하는 것과 같다.

실재에 도달하는 방법은 없다

실재를 정적靜的인 사물로 축소하지 않으면서 실재에 도달할 수 있는 방법을 생각해보라.

실재와 지각

이 둘은 다르다.
· 실재는 세계이고,
· 지각은 실재에 대한 반응이다.

경험하는 것이 믿는 것이다

살진 돼지는 배고픔이 존재한다는 것을 믿지 못한다.

'이것'을 힘써 찾아라

걷거나 쉬거나, 앉거나 누워 있을 때에도, 말하거나 침묵하거나,
먹거나 마실 때에도, 절대 게으름에 빠지지 말고 '이것'을 찾아
최선의 노력을 기울여라.

사물의 형상적 실재

존재하는 것은 무엇이든 어떤 실재성을 가진다. 그러나 사물을
추상화한 것은 형상적 실재가 아니다.

인과율

모든 것에는 원인이 있어야 한다.

실재와 인과 법칙

원인도 결과와 같은 실재다.

물리적 사물의 공통성

물리적 사물은 전부 다 같은 것이다. 따라서 어떤 물리적 사물이 존재하는지를 아는 지식만으로도 충분하다.

형상적 실재는 표상적 실재와 같다

형상적 실재는 표상적 실재만큼, 또는 그보다 더 많이 존재한다.

물질과 안전 욕구

과학에서 우리는 근본 물질을 찾으려 하지만, 물질을 더 잘게 쪼갤수록 다른 물질을 더 많이 발견할 뿐이다. 그곳에서 우리는 운동을 발견하는데, 운동은 에너지와 같다. 거기에는 운동, 충격, 에너지만 있을 뿐 사물은 없다. 사물은 대개 인간의 안전 욕구에서 비롯된다. 우리는 사물을 조작하거나 그걸로 이리저리 끼워 맞추는 게임을 할 수도 있다. 이런 개념들, 이런 사물들이 조합되어 다른 어떤 것이 된다. 이 '어떤 것'은 사물이다. 그리하여 심지어 추상 명사도 사물이 된다.

참되게 보려면 마음을 고요히 하라

이 순간 마음을 움직이지 말고 멈추어라. 마음이 움직이기를 멈추면 평온해지고 맑아진다. 그때 비로소 '이것'을 참되게 볼 수 있다.

선입견의 때를 벗겨내라

네 안에 쌓인 모든 때를 벗겨내라. 그리고 있는 그대로의 실재를, 날것의 실재를, **존재 그 자체**를 드러내라. 이렇게 하는 것이 마음을 비우라는 부처의 가르침을 따르는 것이다.

상황에 길들여지면 실재를 보지 못한다

그런 상태에서는 **그것**의 본질을 보지 못한다. 교육을 통해 우리의 생각이 세뇌되고 왜곡되어 있기 때문이다.

진여와 생각

진여眞如는 생각으로 더럽혀지지 않은 상태다. 따라서 관념과 생각으로는 그것을 깨달을 수 없다.

비교하기를 멈춰야 비로소 실재가 명확히 보인다

다른 존재와 전혀 비교하지 않을 때에야 비로소 '참된 존재가 드러난다.' 그리고 참된 존재와 함께 산다는 것은 평온하다는 뜻이다.

실재는 스스로 존재한다

실재는 스스로 존재하며 그 자체가 되어가는 과정 속에 있다. 있는 그대로의 실재는 사물의 '존재 그 자체'다. 그러므로 존재 그 자체란 집착, 제약, 불완전함, 복잡성이라는 제한에 묶이지 않는 것을 의미한다. 달리 말하면 원초적 의미에서의 자유를 누린다는 뜻이다.

법칙

집념의 법칙

집념이 강한 사람은 남들과는 다른 법칙을 따른다. 바로 인간 내면에 있는 법칙, 즉 자신의 개인적 의지를 따른다. 나도 이 법칙을 절대적으로 존중한다.

인과 법칙

모든 사람을 둘러싼 환경 역시 분명히 어떤 원인에서 비롯된 결과다. 어떻게 통제할지 그 방식은 당신에게 달렸다.

동일성의 법칙

동일성의 법칙은 'A는 A다'라고 설명한다. 이는 모든 논리적 진술은 사실 아니면 거짓이지, 같은 문맥에서 사실인 동시에 거짓인 경우는 없음을 의미한다.

조화의 법칙

사람은 상대방의 힘이나 세력에 대립하지 않고 조화를 이루어야 한다는 것이 조화의 법칙이다. 이는 부자연스럽거나 비자발적인 일은 절대 해서는 안 된다는 뜻이다. 그리고 어떤 식으로든 일을 무리하게 처리하지 않는 것이 중요하다.

무위자연의 법칙

무위자연의 법칙은, 사람은 천지의 근본 원리들과 조화를 이루어야 하며 이를 거역해서는 안 된다는 도교의 기본 가르침이다. 사물의 자연적 흐름에 순응하여 자신을 지키되, 인위적으로 자연에 간섭하지 마라. 자연에 맞서 자신의 주장을 내세우지 말고, 어떤 문제에도 정면으로 반대하지도 마라. 자연과 더불어 변화하며 문제를 다루어라.

08 ——— Interdependency

상호 의존

이원론 vs. 일원론

유럽에서는 이원론 철학이 대세를 이루며 서양 과학의 발전을 주
도해왔다. 그러나 원자 물리학이 출현하면서 이원론이 틀렸음을
입증하는 실험 결과들이 발표되었고, 이에 따라 그 이후 사상의
경향은 고대 도교의 일원론으로 되돌아갔다.

사유와 존재의 상호 의존

생각이 존재한다면, 생각하는 나와 내가 생각하는 세계도 존재
한다. 이 둘은 서로 분리될 수 없기에, 하나가 없으면 나머지 다
른 하나도 존재할 수 없다. 그러므로 나와 세계는 서로 역동적으
로 얽혀 있다. 나는 세계를 보는 주체이고, 세계는 내가 보는 객
체다. 나는 세계를 위해 존재하고, 세계는 나를 위해 존재한다.
내가 보거나 생각하거나 상상할 대상이 없다면, 나는 보거나 생

각하거나 상상할 수 없을 것이다. 한마디로 나도 존재할 수 없을 것이다. 확실하고 중요하고 근본적인 사실은, 주체인 나와 객체인 세계가 공존한다는 것이다. 하나가 없으면 나머지 다른 하나도 존재할 수 없다. 내 주위의 사물을 인식하지 못하면 나 자신도 이해할 수 없다. 사물에 대해 생각하지 않으면 나는 생각하는 게 아니다. 그리고 사물에 대한 생각 속에서 나는 나 자신을 발견한다.

주체와 객체의 관계

감각 자료가 되었든 양초 덩어리가 되었든, 의식의 대상에 대해서만 논하는 것은 의미가 없다. 객체에는 주체가 있어야 한다. 주체–객체는 다른 모든 것들처럼, 두 개의 절반이 온전한 하나를 이루어 상호 보완하는 (대립하는 것이 아닌) 한 쌍이다. 더 깊이 생각해보면, 움직이는 원의 중심에서 볼 때 양쪽 끝은 같다. 내가 경험하는 것이 아니라 나 자신이 경험이며, 내가 경험의 주체가 아니라 내가 경험 그 자체다. 나 자신이 의식이다. 그 외의 것은 내가 될 수 없고 존재할 수도 없다.

주체/객체 관계와 '강물에 비친 달'

강물에 비친 달을 인간의 경험에 비유할 수 있다. 강물이 주체이고 달은 객체다. 강물이 없으면 강에 비친 달도 없다. 달이 없어도 마찬가지다. 그러나 달이 뜨면 강물은 그 즉시 달빛을 받는다. 또 아주 작은 물방울이 떨어져도 달은 지체 없이 그 물에 빛을 던진다. 달도 의도를 가지고 물을 비추려 하지 않고, 물도 어떤 목적을 가지고 달빛을 반사하지 않는다. 이 현상은 달에서 비롯된 것이기도 하고, 물에서 비롯된 것이기도 하다. 물은 달빛을 드러내고, 달은 물의 맑음을 드러낸다.

상호 의존과 도교

침술의 기원과 발전의 모태가 되는 도교 철학은 본래 일원론이다. 중국인들은 우주 전체가 음양이라는 두 원리로 움직인다고 생각했다. 그들은 이 두 힘의 끊임없는 상호 작용 외에는, 살아 있는 것이든 죽은 것이든 아무것도 존재하지 않는다고 생각했다. 물질과 에너지, 양과 음, 하늘과 땅은 본래 하나이거나, 쪼갤 수 없는 하나의 전체를 구성하는 두 극으로 존재한다고 생가했디.

공

공이란?

공空은 이것과 저것 사이의 한가운데에 있다. 공은 모든 것을 품고 있다. 공에는 반대편이 없기에 배제하거나 반대할 것이 없다. 모든 것을 밝히는 빛이 반대편의 움직임 너머까지 비춘다.

살아 있는 공

공은 살아 있다. 모든 형상이 거기에서 나온다. 공을 깨달은 사람은 누구든지 생명과 힘과 모든 존재에 대한 사랑으로 가득 채워진다.

창조적 에너지로서 공

근원적인 창조 에너지는 한 인간에게 단편적으로 영향을 미치지 않고 전체적으로 영향을 미친다. 그것은 생각으로 때 묻지 않은 창조물이며, 우리 내면에서 밖으로 넘쳐흐르는 창조의 물결이다. (The primordial creative energy affects the whole person and not a mere fragment — it is creation uncontaminated by thought; the creative tide in us that flows outward.)

공과 무

무無는 **사물이 없음**no thingness을 뜻한다. 오직 사건과 과정만 있다는 뜻이다. 우리가 이러한 무의 개념, 즉 공의 개념을 **받아들이고** 그 속으로 **들어가면** 비로소 사막에 꽃이 피기 시작한다. 공은 생기를 띠고 계속 **채워진다**. 불모의 공이 비옥한 공이 된다. 나는 그저 작용에 불과하며, 무가 곧 실재다.

공의 두 측면

공(또는 무심)에는 다음의 두 측면이 있다고 한다.

- 공은 그저 존재한다.
- 공은 깨달아지는 것이며, 그것 자체를 의식하는 것이다. 이 의식이 '우리 안에' 있다고 말하는 건 부적절하다. 그보다는 우리가 '그 안에' 있다고 말하는 편이 적절하다.

궁극은 인간의 이해를 초월한다
("어디에도 거처하지 않는다")

만물의 궁극적 근원은 시공의 범주를 초월하여 인간이 이해할 수 있는 범위 너머에 있다. 그것은 모든 형태의 상대성을 초월하므로 말로 설명할 수 있는 "어디에도 거처하지 않는다."

10 ——— On Death

죽음에 대하여

죽음을 걱정하느라 삶을 소홀히 하지 마라

나는 죽음의 의미가 무엇인지 모르지만 죽음을 두려워하지는 않는다. 다만 사는 동안 멈춤 없이 계속 전진할 뿐이다. 비록 나 이소룡이 품은 모든 야망을 못다 이룬 채 언젠가 죽을지라도 나는 후회하지 않을 것이다. 나는 내가 하고 싶은 일을 했으며, 내 능력이 닿는 한 최선을 다해 성실하게 살았다. 여기서 인생에 더 무엇을 바라랴.

죽음의 길

대대로 보면 영웅의 최후도 평범한 사람과 다르지 않았다. 영웅들도 모두 죽었으며 사람들의 기억 속에서 사라져갔다.

죽음 받아들이기

우리가 영원한 봄이라는 환상을 포기하는 순간, 여름과 겨울의
순환은 축복으로 다가올 것이다.

죽음의 기술

다른 사람들과 마찬가지로 당신도 이기는 방법을 배우고 싶을
테고 지는 방법 따위는 알고 싶지 않을 것이다. 그러나 패배를
수용하면, 다시 말해 죽는 법을 배우면 패배로부터 자유로워진
다. 죽음을 받아들이고 나면 당신은 자유롭게 흘러가 조화를 이
룰 수 있을 것이다. 부드러워지는 것이야말로 마음을 비우는 방
법이다. 야망으로 가득 찬 마음에서 벗어나 죽음의 기술을 배워
야 한다.

사랑하는 벗들과 헤어지는 것에 대하여

지금 여기서 우리는 영원히 헤어져야만 한다네. 나는 나의 길로,
너는 너의 길로. 내일의 길이 어디로 이어질지 나는 알지 못하네.
더 먼 미래에는 무엇이 놓여 있는지도.

추억이 필요한 이유

추억은 우리가 쫓겨나지 않아도 되는 유일한 낙원이다. 기쁨이
금세 시드는 꽃이라면, 기억은 오래가는 향기다. 추억은 현실보
다 오래 지속된다. 나는 꽃은 몇 년 동안 보존했지만 열매는 그렇
게 하지 못했다.

2부

——

인간에 대하여

01 ——— The Human Being

인간

스스로를 한 인간으로 여겨라

당신은 내가 자신을 어떤 존재로 여기고 싶어 하는지 아는가? 그저 한 사람의 인간이라고 생각하고 싶다.

인간의 역할과 의무

인간의 역할과 의무, 즉 인간의 자질은 성실하고 솔직하게 잠재력을 계발하여 자아실현을 이루는 것이다. 한마디 더하자면, 내면의 에너지와 육체의 힘만이 당신이 삶의 목표를 달성하고 자신에 대한 의무를 수행할 수 있도록 도와준다.

인간은 통합하는 존재다

우리는 분석하지 않는다. 우리는 **통합한다**.

인간의 목적

인간의 목적은 자아를 실현하는 것이다.

거짓된 사람들

내가 가장 혐오하는 사람은 실제의 자기 능력을 과장되게 말하는 부정직한 사람, 자신의 역겨운 무능함을 가리기 위해 거짓으로 겸손한 체하는 사람이다.

도미니카공화국이라는 나라에 대하여

나는 이 나라와 그 국민들을 좋아한다. 도미니카공화국 사람들에게는 진실한 인간의 특성인 단순성이 있다. 대도시에서 흔히 보이는 위선 같은 것은 찾아보기 어렵다.

인간의 본성에 대하여

인간은 먹고, 자고, 육체를 보존하며, 끊임없이 재생산하는 존재다. 인간은 또한 감정의 존재이며 창조하는 존재다.

인간은 자연적 본능과 통제력이 결합된 결과다

여기에 본능이 있다면 저기에 통제력이 있다. 이 둘을 조화롭게 결합해야 한다. 어느 한쪽 극단으로 치우치면 과학적 인간이 될 수 없고, 반대쪽 극단으로 치우치면 기계 인간에 불과하므로 인간이라고 할 수 없다. 그러니 이 둘을 성공적으로 결합하는 것이 중요하다. 성공적인 결합이란 순수하게 자연스럽지도 않고 전적으로 부자연스럽지도 않은 상태다. 부자연스러운 자연스러움, 또는 자연스러운 부자연스러움이 이상적이다.

인간은 창조적 동물이다

인간을 다른 동물과 구분해주는 것은 창조적 능력이다.

인간의 잠재력 계발에 대하여

성장을 촉진하고 인간의 잠재력을 계발하려면 다음과 같이 하라.

· 사회적 역할에 참여하라.

· 인격에서 부족한 부분을 채워 인격을 완전하게 만들어라.

우리는 더 많은 것을 할 수 있는 존재다

사실 우리는 잠재력의 극히 작은 부분만 사용하며 살고 있다.

· 당신은 스스로가 완전한 자기 자신이 되는 것을 허용하지 않는다.

· 사회도 당신이 완전한 자기 자신이 되는 것을 허용하지 않는다.

말하기와 경청하기

대다수 사람들은 경청하지 않고 말하기만 한다. 소수의 사람들만 말하지 않고 경청하는 법을 안다. 그런데 자신의 말도 하면서 경청할 수 있는 사람은 더욱 드물다.

인간에 대한 근본적인 도덕적 질문

과연 무엇이 인간을 위해 올바른 행동인가? 다시 말해 정당하고
윤리적이며 도덕적인 행동은 무엇인가?

스스로에게 정직한 것이 '진정한' 인간이 되는 길이다

도대체 당신은 당신 자신이 맞는가? 스스로에게 정직한 것이야말
로 우리가 가짜가 아닌 '진정한' 인간으로 성장하는 끝없는 과정
에서 결정적으로 중요한 부분이다. 그러면 언젠가는 "이런 게 바
로 품격이지. 여기 **진정한** 사람이 있군"이라는 말을 들을 수 있을
것이다. 나도 그런 말을 듣고 싶다.

02 ——— Action

행동

믿음에 따라 행동해야 한다

아는 것만으로는 충분치 않다. 응용할 수 있어야 한다. 의지만으로는 부족하다. 실행해야 한다.

행동은 자존감에 이르는 왕도다

행동은 자신감과 자존감에 이르는 왕도. 에너지는 길이 열린 곳으로 흐르게 되어 있다. 이런 일은 대다수 사람들에게 순조롭게 일어나며 그 보상도 확실하다.

우리 삶을 활기차게 해주는 것은 행동뿐이다

절제만이 우리 삶을 매력적으로 만드는 것처럼, 행동만이 우리 삶을 활기차게 만든다.

생각만 하지 말고 행동하라

우리의 원대한 임무는 멀리 희미하게 있는 것을 보는 것이 아니라, 가까이 분명하게 있는 것을 행하는 것이다.

중요한 것은 행동이다

무엇을 성취하느냐보다 그 일을 행하는 것이 더 중요하다. 연기하지 않는 배우는 없고, 탐험하지 않는 탐험가는 없다.

인간의 목표는 행동이다

어떤 생각이 아무리 고상할지라도 인간의 목표는 생각이 아니라 행동이다. 세상에는 문제의 핵심은 건드리지 못하고 이렇게 해야 한다느니 저렇게 해야 한다느니 (정서적으로가 아니라) 그저 머리로만 떠드는 사람이 얼마나 많은가. 하지만 말이 앞서는 사람들은 아무것도 실현하지도 성취하지도 못한다.

행동의 보상

행동하는 자만이 배울 수 있다.

행동은 육체만이 아니라 정신에서도 일어난다

모든 육체적 행동에는 정신적인 '움직임'도 함께 나타난다.

03 ——— Wu-wei(natural action)

무위 (자연스러운 행동)

무위는 자연스러운 행동이다

노자가 《도덕경》에서 말한 기본 사상은 **무위자연**이다. 그것은 부자연스러운 인위적 행동을 일절 하지 말라는 뜻이다. 이는 자연스러움, 즉 만물이 '자기 본성에 따라 살아가도록 도움'으로써 '자연스럽게 변화하게 만드는 것'을 의미한다. 이와 같이 도道는 '아무런 행동도 취하지 않으면서 모든 것이 행해지도록 만든다.'

일상생활에서 무위는 어떻게 표현되는가

일상생활에서 무위는 '사물을 낳거나 키우되 소유하지는 않는 것'으로, 그리고 '공을 이루되 자신의 공을 내세우지 않는 것'으로 표현된다. 그러므로 '무위자연'의 도는 규칙과 의식 같은 인위적 방법들과 서로 보완 관계에 있다. 이것이 도교 사상가들이 형식과 인위를 배격하는 이유다.

자신의 힘을 섣불리 전부 소모하지 마라

어떤 것을 보존하는 일은 그 형식을 끊임없이 실현하고 차별화하는 것으로 나타난다. 이런 사람들은 겉으로 드러나는 성공이나 실패의 영향을 받지 않으며, 자신의 힘을 믿고 때를 기다린다.

별도의 훈련은 필요 없다

일상 속에서 수련하는 것 외에 별도의 훈련을 하려고 노력할 필요는 없다.

힘을 미리 다 쏟지 마라

인내심을 가지고 고요히 기다려라. 강한 사람은 부드러움으로 힘을 지켜야 한다. 강한 의지가 이기지 못할까 봐 걱정할 필요 없다. 중요한 것은 아직 때가 무르익지도 않은 것을 억지로 얻어내려고 섣불리 힘을 다 써버리는 것이다.

무위는 유연하다

무위는 흔히 번역되듯이 아무것도 행하지 않는 것을 의미하지 않는다. 대립을 초래하는 행동을 하지 않는다는 뜻이다. '올바른' 행동이란 맞서는 것도 굴복하는 것도 아니다. 바람에 흔들리는 갈대처럼 유연해지는 것이다.

무위는 자발적 행위다

자연(도)은 자발적 행위의 원대한 실천가였다. 자연의 이런 행위는 참된 행위였다. 미리 계획된 특정 목표를 지향하는 행동은 이차적이다. 이는 겉으로 멋져 보일지라도 억지로 자연을 강요하는 것이므로 참된 행위가 아니다.

상황에 맞는 행위

이런 사람은 남과 상관없는 입장에서가 아니라 남을 돕는 조언자로서 행동한다. 이런 사람은 남을 이끌려고 하지 않고(그런 방식은 길을 잃게 할 뿐이다), 남이 자신을 이끌도록 자신을 맡긴다. 이런 사람이 수용하는 자세로 운명을 마주하는 법을 안다면, 그는 반드시 올바른 길을 찾을 것이다. 진정으로 뛰어난 사람은 운명이 자신을 이끄는 대로 따라간다. 이런 사람은 결코 맹목적으로 앞서 나가지 않으며, 상황이 자신에게 요구하는 바를 이해하고 거기에 따른다.

찾지 말고 들어오게 하라

'그것'을 추구하지 마라. 그것은 가장 기대하지 않을 때 오는 법이다. 놓아두어라. 결코 좇지도 말고 도망가지도 마라.

무위의 원리에 대하여

무위는 의식하지 않으면서도 탁월하다. 무위는 사전에 의도하지 않은 자연스러운 행위다. 무위는 자연과 조화를 이루는 정신이다. 무위는 평화를 추구하고 소동도 일으키지 않으므로 폭력이 따를 수 없다. 무위는 정신의 자양분이며, 자유롭게 놓아두면 안정을 찾아간다. 무위는 '인위적 행위를 거부한다.' 목적을 가지고 행하는 모든 것은 반드시 실패하게 되어 있기 때문이다.

무위는 창조적 직관이다

무위의 원리는 전적으로 창조적 직관의 행위이며, 창조적 직관은 우리 안에 있는 원천을 열어준다. 인간의 일반적 성향인 독단적 행동은 선입견이 있고 이성적이어서 깊은 곳에 숨어 있는 창의력을 꿰뚫지 못한다. 독단적 행동은 겉으로 드러나는 관념으로 관찰되지만, 비독단적 행동은 내면의 빛으로 살아난다. 독단적 행동은 제한되고 유한하지만, 비독단적 행동은 자유롭고 무한하다.

04 ——— The Mind

마음

총명한 정신은 쉬지 않고 배운다

총명한 정신은 끊임없이 배우면서 섣불리 결론을 내리지 않는다. 반면 스타일이나 정형화된 양식은 이미 결론에 이른 것이어서 더 깊이 배우려 하지 않는다.

총명한 정신은 탐구하는 정신이다

총명한 정신은 끊임없이 **탐구한다**. 설명이나 결론에 만족하지 않으며, 완전히 믿지도 않는다. 믿음 역시 결론의 또 다른 형태이므로.

마음의 특성

어떤 것이 된 뒤에 변하지 않는 것은 **고요함**의 절정이다. 자기 안에 거스르는 마음을 전혀 갖지 않는 것은 **비어 있음**의 절정이다. 외부의 어떤 것에도 얽매이지 않는 것은 **섬세함**의 절정이다. 자신 안에 모순되는 것이 없는 것은 **순수함**의 절정이다.

당신 마음의 사령관은 바로 당신이다

나는 항상 주위 환경 때문에 시달렸다. 나 자신을 외부 조건의 영향을 받는 사람으로 간주했기 때문이다. 그러나 이제 나는 깨달았다. 나 자신이 내 마음의 감정을 좌우하는 힘이며, 내 마음이 환경을 결정한다는 것을.

열린 마음을 유지해야 하는 이유

잔은 비어 있어야만 쓸모가 있다. 비어 있음이 온전함이다. 마음의 온전함이요, 물질 구조의 온전함이다.

마음 해방

마음이 자연스럽고 조화롭게 작동하려면 대립하는 개념에 대한 집착에서 자유로워야 한다. 외부 세계의 영향에서 자유로워야 한다. 마음이 세상사에 방해받지 않고 제 길을 가도록 내버려두어라. 순수해지고 싶어 하는 영리한 마음이 키워낸 순수함이 아니라, 거부나 받아들임 없이 있는 그대로를 보는 순수함의 상태야말로 참된 순수다.

모든 생각은 부분적이다

어떤 생각이든지 부분적이며, 전체가 될 수 없다. 생각은 기억의 반응인데, 기억은 경험의 결과이므로 언제나 부분적일 수밖에 없다. 결국 생각이란 경험에 좌우되는 마음의 반응에 불과하다.

제한된 마음으로는 자유롭게 생각할 수 없다

자유롭게 생각할 수 있으려면 마음이 완전히 열려야 한다. 제한된 마음으로는 자유롭게 생각할 수 없다.

마음은 상황에 반응한다

물은 계속 움직이지만, 물에 비친 달은 고요히 머문다. 마음도 수만 가지 상황에 반응하며 움직이지만, 언제나 변함없다.

배움의 노예가 되지 마라

배움은 중요하지만 배움의 노예가 되지는 마라. 무엇보다 피상적이고 불필요한 일에 대해 생각하지 마라. 마음이 우선이다.

보는 행위는 마음속에서 일어난다

보는 대로 즉시 행하려면 심안의 통찰력을 키워야 한다. 보는 행위는 마음속에서 일어나기 때문이다.

마음은 궁극적 실재다

마음은 자신을 의식하는 궁극적 실재이지, 경험을 통해서만 아는 의식이 위치한 자리가 아니다. 마음을 '소유'해서 아는 것이 아니라 마음'이기' 때문에 아는 것이다.

마음은 비어 있음의 역동적 측면이다

모든 움직임은 비어 있음에서 나오며, 마음은 비어 있음의 역동적 측면에 붙여진 이름이다. 비어 있음에는 뒤틀림도 없고, 자기중심적인 동기도 없다. 비어 있음은 성실, 진실, 올곧음이며, 비어 있음과 움직임 사이에는 그 무엇도 끼어들 수 없다.

마음을 한쪽으로 치우치게 하지 마라

항상 부정과 긍정 사이의 중립에 서라. 어느 한쪽으로 마음이 치우치게 하지 마라.

마음에는 행위가 없다

마음에는 본래 행위가 없고, 도에는 언제나 생각이 없다.

자연스러운 마음은 진실을 꿰뚫어본다

마음을 예리하게 집중하고 항상 깨어 있도록 하라. 그러면 어디서나 진실을 즉시 직관할 수 있다. 그러려면 마음이 낡은 습관, 편견, 구속하는 생각, 나아가 평범한 생각 자체로부터도 자유로워야 한다.

깨어 있는 마음을 길러라

정신이 깨어 있다는 것은 극도로 진지해지는 것이다. 극도로 진지해진다는 것은 자신에게 진실하다는 뜻이다. 진실함을 통해서만 마침내 도에 이를 수 있다.

지식도 마음의 한 종류다

여기서 지식이란 마음이 비어 있음과 그 고요함을 아는 것을 말한다. 통찰력이란 사람의 본성은 만들어지는 것이 아님을 깨닫는 것이다.

지식은 과거의 것이다

지식은 과거의 것이며, 현재에 있는 것은 배움이다. 배움은 끊임없이 외부와 관계 맺는 움직임으로, 여기에 과거는 없다.

마음의 움직임은 무한하다

마음에는 무한한 움직임이 부여되며 아무런 방해도 받지 않는다.

정제된 마음

정제된 마음은 감정의 영향을 받지 않는다. 두려움, 분노, 슬픔, 걱정, 애착에서 자유롭다. 마음이 현재에 있지 않으면 우리는 보고도 보지 못하고, 듣고도 이해하지 못하며, 먹어도 맛을 모른다.

05 ——— Thinking

생각

진지한 생각

진지한 생각이란 집중적으로 생각하는 것이다(고요한 각성). 생각
이 산만하면 진지해질 수 없다.

마음속 생각과 밖으로 드러나는 표현은 하나다

마음과 행동은 하나다. 내면의 생각과 밖으로 드러나는 표현은
서로 모순될 수 없다. 그러므로 사람은 올바른 원칙을 세워야 한
다. 마음의 원칙이 그 사람의 행동에 영향을 줄 것이다.

배움은 결코 축적되지 않는다

기계적인 기억 작업은 단순히 축적하는 과정이라 할 수 있다. 하지만 배움 자체는 결코 축적되지 않는다. 배움은 알아가는 여정이며, 거기에는 시작도 없고 끝도 없다.

생각은 멈추지 않고 계속 흐른다

멈추지 않고 계속 앞으로 나아가려는 것, 그것이 정상적인 과정을 거치는 생각의 본성이다. 생각의 흐름은 끊이지 않고 과거에서 현재, 미래로 흐른다.

상상

바라는 것을 이루기 위해서는 탄탄한 계획과 발상이 필요하다. 나는 매일 상상력을 불러내 계획을 세워보면서 그것을 발전시킬 것이다.

기억

나는 깨어 있는 마음과 기억의 가치를 알기에, 내 마음과 기억을 각성시키려고 힘쓸 것이다. 기억하고자 하는 모든 생각으로 기억을 자극함으로써, 그리고 그 생각을 내가 자주 떠올리는 주제와 연결시킴으로써.

잠재의식 속의 마음

잠재의식이 내 의지력에 영향을 준다는 것을 알기에, 나는 인생의 가장 중요한 목표와 그 목표를 달성하기 위한 작은 목표들의 명확한 그림을 잠재의식 속에 집어넣으려고 노력할 것이다. 이런 과정을 매일 반복하며 잠재의식 앞에 이 그림을 계속 보여줄 것이다!

기억과 기대

기억과 기대는 인간과 하등 동물의 정신을 구분하는 매우 섬세한 특징이다. 이것들은 유용하기도 하고 특정한 목적에 기여하기도 한다. 그러나 우리의 행동이 생사가 달린 문제와 직접 관련이 있는 경우, 기억과 기대를 즉각 버림으로써 그것들이 정신 활동의 흐름과 민첩한 행동에 간섭하지 못하게 해야 한다.

지식

이전에 배운 내용을 기억하는 것.

이해력

내용을 해석하거나 지식을 사용해 미래의 추이를 예측함으로써 내용의 의미를 파악하는 능력(지식의 사용).

적용

배운 내용을 새롭고 구체적인 상황에 사용하는 능력.

분석

내용을 구성 요소로 잘게 쪼개 전체적인 구조를 이해하는 능력.

통합

부분들을 모아 하나의 새로운 전체를 형성하는 능력.

평가

부분들을 모아 특정 목적에 따라 내용의 가치를 판단하는 능력.

생각과 진여

진여는 생각의 실체이며, 생각은 진여의 기능이다. 따라서 진여
가 없다면 생각도 없다. 진여는 움직이지 않지만, 진여의 작용과
기능은 결코 고갈되지 않는다.

06 ——— Concepts(Abstracting)

개념(추상화)

개념 vs. 이해

당신이 개념만을 배운다면, 그저 정보를 얻기 위해 연구한다면, 당신은 제대로 이해하지 못할 것이다. 단지 설명하는 데 그칠 뿐이다. 사람은 생각이 많을수록 이해하려고 하는 것으로부터 멀어진다.

개념의 감옥에서 벗어나 자신의 눈으로 진실을 보라

진실은 바로 지금, 여기에 존재한다. 진실을 보기 위해 필요한 것은 오직 한 가지. 바로 열린 마음, 즉 자유다. 자유는 열려 있으며 관념과 개념에 얽매이지 않는다. 우리는 종종 탈진할 때까지 사전 연습을 하거나 분석하거나 강습에 참가한다. 그러나 이런 행위들은 전혀 도움이 되지 않는다. 생각을 멈추고 생각이 흐르도록 내버려두어라. 그래야만 무엇인가를 보고 발견할 수 있다. 우리 마음이 고요할 때, 번다한 상념을 멈추고 흘려보낼 수 있을 것이다. 그러다가 생각과 생각 사이의 빈 공간에서 불현듯 **이해**(생각이 아니라 이해!)가 이루어진다.

생각과 행동에서 균형을 이루어라

어떤 일을 생각하는 데 너무 많은 시간을 보내면 결코 그 일을 이룰 수 없다.

추상적 사고는 삶을 보지 못하게 만든다

마음이 계산에만 몰두하면 모든 에너지를 생각에 쏟느라 보지도 듣지도 못한다. 사실을 직시하지 못하고 형식(이론)에 집착하면서 자신을 점점 더 얽어매, 결국 빠져나올 수 없는 덫에 걸리고 만다.

개념 vs. 자아실현

당신이 어떻게 되어야 한다는 개념을 실현하기 위해 삶을 소모하지 마라. 그저 당신의 자아를 **실현하라**. 성숙해진다는 것은 개념의 포로가 되는 것을 뜻하지 않는다. 당신의 내면 가장 깊은 곳에 있는 것을 실현하는 것이다.

삶은 그저 사는 것이지 개념화할 수 있는 게 아니다

내가 인위적으로 역할을 꾸며내는 조작 게임에 몰두했다면, 이 글쓰기는 덜 힘들었을 것이다. 다행히도 나의 자기인식이 그런 수준은 넘어섰기에, 인생은 개념화할 수 있는 게 아니라 그저 사는 것이며 그것이 최선임을 이해하는 데 이르렀다. 인생에 대해 **생각해야** 한다면, 아직 인생을 **이해하지** 못하는 것이다.

생각에 휩쓸리지 마라

생각이 없으면 교리가 된다. 생각하는 과정에서 생각에 휩쓸리지 마라. 외부의 사물에 오염되지 마라. 생각 속에서 무념이어야 한다.

개념은 느낌을 방해한다

생각하지 마라. **느껴라.** 느낌은 생각이나 개념으로 방해를 받거나 분석되지 않을 때 지금, 여기에 존재할 수 있다. 분석을 멈추고 흐르는 대로 내버려두는 순간, 비로소 전체를 보고 느낄 수 있다. 행위의 주체도 없고 행위가 가해지는 대상도 없으며, 그저 행동 자체만 있을 뿐이다. 그때 나는 나의 느낌과 더불어 머무르며 그 느낌에 이런저런 이름을 붙이지 않고 한껏 만끽한다. 그러면 마침내 나와 느낌은 하나가 된다. 나는 더는 나의 자아가 당신과 분리된 존재라고 생각하지 않으며, 어떤 것에서 무언가를 얻어내 이익을 취하려는 모든 생각은 우스꽝스러워진다. 지금 이 순간 내가 알아차리고 있는 사물의 온전함 이외에 다른 어떤 자아(생각은 말할 것도 없고)도 내겐 없다.

추상적 분석은 답이 아니다

세상에는 자신의 내면을 바라보며 자신의 기분을 평가하려는 경향이 만연하다. 그러나 자신은 바깥에 있으면서 내면을 보려 하는 것은 헛된 일이다. 거기에 무엇이 있든 곧 사라져버릴 것이다. 이는 우리가 '행복'이라고 부르는 모호한 개념에도 적용된다. 행복이 무엇인지 확인하려고 애쓰는 것은 어둠을 보겠다며 불을 켜는 행위와 같다. 마찬가지로 분석하면 행복은 사라져버릴 것이다.

07 ——— Knowledge

지식

지식을 정의하려는 시도

지식의 대상은 끊임없이 변한다. 느낌, 취향, 감각 실험 같은 것
들은 독단적 믿음일 뿐 진정한 지식이 아니다. 그것들은 틀릴 수
있기 때문이다. 그러므로 지각의 대상은 진정한 지식의 대상에서
배제해야 한다.

지식은 단순한 지각이 아니다

지각의 대상보다는 사유의 대상이 더 실제적이고, 더 완전하고,
지적이며, 일관성이 있다.

지식 vs. 인격

지식은 힘을 가져다주지만, 인격은 존경심을 가져다준다.

배운다는 것

배운다는 것은 발견하는 것, 즉 우리가 왜 무지한지 그 이유를 발견하는 것이다. 그렇다고 정보 처리가 최고의 학습 방법인 것은 아니다. 배운다는 것은 발견하는 것, 즉 우리 안에 무엇이 있는지를 다 들춰내는 것이다. 우리가 그것을 발견할 때 비로소 능력과 시야를 가리던 덮개를 벗기고, 자신의 잠재력을 깨우치고, 사물을 보는 눈을 키울 수 있다. 또 무슨 일이 일어나고 있는지 올바로 보고, 우리 삶을 어떻게 확대할 수 있는지 발견하며, 어려운 상황을 극복할 방법을 찾을 수 있다. 이 모든 일이 지금 여기에서 벌어지고 있다.

발상

발상의 소중함

발상이야말로 모든 성취의 첫걸음이다. 산업에서도 그렇고 직업에서도 그렇다.

발상이 오늘의 미국을 만들었다

미국은 언제나 발상을 추구한다. 발상이 오늘의 미국을 만들었다. 좋은 발상 하나로 당신은 자신이 원하는 인물이 될 수 있다.

새로운 발상은 언제나 보상을 받는다

노동과 근검이 경쟁력을 키워준다는 말은 사실이다. 그러나 부富라는 의미에서 재산은 이전에 다른 사람이 생각지도 못한 것을 생각해낸 사람에게 주어지는 보상이다.

단순한 발상과 단순한 인상

단순한 발상은 단순한 인상이 발현된 것이다. 예를 들면 내가 어떤 흥미로운 것을 보고 감명을 받으면, 나는 나중에 이 감명 덕에 그에 대한 발상을 떠올릴 수 있다. 따라서 단순한 발상은 단순한 인상의 직접적 발현이며, 이 둘은 분리될 수 없고 통합된 하나다.

복잡한 인상과 복잡한 발상

복잡한 인상과 복잡한 발상은 대개 서로의 발현에 따른 것이지만 (쉽게 말해 복잡한 발상은 복잡한 인상의 발현이다), 특별한 경우에는 그렇지 않다. 예를 들어 내가 전혀 가본 적 없는 곳을 상상할 수 있고, 청색 색맹인 사람이 다른 색상을 경험함으로써 청색에 대한 발상을 떠올릴 수 있는 것과 같다.

발상의 세 가지 형태

선천적 발상(타고난 것), 우발적 발상(외부 사건에서 기인한 것), 인위적 발상(사람이 고안해낸 것).

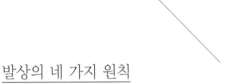

발상의 네 가지 원칙

발상에는 다음 네 가지 원칙이 있다.
· 인간의 욕구, 해결되지 못한 문제를 찾아라.
· 문제의 본질을 완전히 파악한다.
· 기존의 원칙을 과감히 '비틀어보라.'
· 당신의 발상을 믿고 행동하라!

발상을 이끌어내는 다섯 단계

· 자료를 수집한다.
· 사실들을 철저히 곱씹는다.
· 긴장을 풀고 주제에 대해 깨끗이 관심을 끊는다.
· 발상이 떠오르면 그것을 알아차리고 기꺼이 받아들인다.
· 발상을 쓸모 있게 다듬고 발전시킨다.

창의적 태도를 기르는 법

창의적 태도를 기르려면 원하는 **해결책**을 분석하고 그것에 집중하라. **사실**을 정확히 찾아내 당신의 마음을 사실로 채워라. 말이 되든 안 되든 일단 **발상**이 떠오르면 종이에 써라. 사실과 발상이 마음속에서 **익어가도록** 내버려두어라. 그리고 **그 발상**을 평가하고 재점검하여 **창의적 발상**을 확정하라.

애정을 가지고 떠올린 발상이 구체적으로 실현된다

애정을 가지고 마음속에 계속 담아두고 생각했던 발상이 때가 되면 즉시 가장 편안하고 적절한 모습으로 구체화된다.

틀린 발상이란 없다

잘못은 판단에서 발생한다. 발상 자체는 틀릴 수 없다. 판단이 그렇게 만들 뿐이다.

09 ——— Perception

지각

지각이 진실에 이르는 길이다

신념도 방법론도 아닌 지각만이 진실에 이르는 길이다. 지각은
자연스러운 인식, 유연한 인식, 선별하지 않는 인식 상태다.

지각은 연속적 인식이다

필요한 건 어떤 순간의 지각이 아니다. 끊임없이 계속되는 인식
이다. 결론을 맺지 않는 지속적인 탐구가 필요하다.

훌륭한 정신 훈련이란?

깨어 있을 때는 모든 것에 철저히 깨어 있어라. 그리고 모든 것을
의식하라. 이것이 바로 훌륭한 정신 훈련이다.

지각하는 마음이 진실을 이해한다

이해하는 데는 어떠한 비판도 필요하지 않다. 정형화된 행동을 요구하지도 않는다. 단지 관찰하면 된다. 그저 주시하며 지켜보라. 지각하는 마음은 살아 움직이며 에너지로 가득 차 있다. 그런 마음만이 진실이 무엇인지 이해할 수 있다. 개인적 선호나 욕망의 색안경을 벗고 사물을 보라. 그러면 사물 본연의 순수한 단순함이 보일 것이다.

지각은 지각되는 존재를 전제한다

우리 지각의 진정한 대상이 되는 무엇인가가 항상 존재한다. 감각된 정보는 물리적 대상에서 오지만, 감각된 정보가 물리적 대상과 완전히 같지는 않다. 사실 경험이란 물리적 대상에게서 끊임없이 영향을 받는다고 할 수 있다.

감각된 정보와 지각되는 대상의 관계

감각된 정보는 물리적 대상이 지닌 표면의 일부다. 감각된 정보는 물리적 대상과 함수 관계에 있다. 우리는 이 가운데 어느 하나를 버릴 수는 없다. 우리가 경험하는 것은 물리적 대상이 작용한 결과다.

지각의 철학적 문제

우리가 지각하려면 세상은 어떤 모습이어야 할까? 우리는 무엇을 지각하는가?

감각된 정보와 지각에서 주의할 점

감각된 정보는 물리적 대상에 의해 생긴다. 우리 앞에 있는 사물의 실제를 알려면 이성과 추론이 필요하다. '나는 T를 본다'라는 말은 T라는 것(내가 보는 존재하는 물체)이 있다는 의미다(사물의 정체성에 입각한 추론). 물리적 대상은 실제로 존재한다.

인식의 세 단계

의식에는 세 단계가 있다. 자기인식, 자기와 세계 사이(상상의 영역)에 대한 인식, 세계에 대한 인식.

두려움 vs. 인식

고통 공포증, 즉 작은 고통도 감수하지 않으려는 태도는 발전을 가로막는 적이다. 기분이 좋지 않을 때는 인식의 연속적 흐름이 방해를 받아 공포증에 사로잡힌다. 이를 치유하려면 인식/주의력이 흐트러지지 않도록 통합해서 계속 성장해야 한다.

무심의 인식은 종합적으로 이해하는 것이다

무심의 인식, 즉 이분법을 넘어선 화해는 **종합적으로** 이해하는 것이다. 무심의 인식은 갈라지지 않은 하나의 마음이다.

관조에는 경이로움이 있다

그저 무심히 지켜보기만 하라. 거기에 경이로움이 있을 것이다. 그것은 추구해야 할 이상도 목적도 아니다. 관조는 이미 '존재하는' 상태이지 무엇이 '되어가는' 상태가 아니다.

조용히 지켜보는 사람

주위에서 일어나는 일을 조용히 지켜보는 사람이 되어라.

지각은 무심의 인식이다

지각은 어떠한 요구도 없는 무심의 인식, 즉 그 안에 어떤 근심도 없는 의식이다. 그런 마음 상태에 지각이 있다. 우리의 모든 문제를 해결할 수 있는 것은 오직 지각뿐이다.

무심의 인식은 어떤 개인적 판단도 개입되어 있지 않은 관찰이다

무심의 인식은 어떤 비난도 해명도 하지 않는다. 인식은 어떤 간섭도 받지 않고 자유롭게 움직일 수 있을 때에만 작동한다.

결론을 내려놓고 시작하지 마라

무엇이든 확실하게 이해하려면 무심의 인식 상태에 있어야 한다. 무심의 인식 상태에서는 비교하거나 비난하는 느낌도 없고, 우리가 말로 동의하거나 동의하지 않을 때까지 기다리지도 않는다. 이 모든 것에 미리 최종 결론을 내리지 마라.

'순수하게 본다는 것'

아무것(사물)도 없는 곳에서 보는 것, 이것이 진정으로 보는 것이다. 진정한 봄은 관점이 없는 관점에서 본 결과다. 그것은 주체와 객체를 넘어 단지 '순수하게 보는 것'이며, 따라서 결국 '보지 않는 것'이다.

10 ——— The Ego(Self-consciousness)

에고(자의식)

고집스러운 태도를 버려라

고집스러운 태도를 버려라. 자신을 활짝 열고 자신에게 초점을
맞춰 맘껏 표현하라. 내면의 진실을 표현하지 못하게 하는 외부
의 형식을 거부하라.

에고는 수용의 장애물이다

에고는 외부에서 들어오는 것에 완강하게 저항한다. 바로 이 '에
고의 경직성' 때문에 우리와 대립하는 것을 수용하지 못한다.

타고난 재주에 대하여

사람들은 종종 내게 묻는다. "브루스, 당신은 **정말로** 그렇게 (무술

을) 잘하나요?" 그러면 나는 이렇게 대답한다. "내가 잘한다고 말하면, 당신은 내가 자랑한다고 말할 겁니다. 또 내가 잘하지 못한다고 말하면, 내가 거짓말을 하고 있다는 걸 금방 알아차리겠지요." 나는 결코 이인자가 안 될 자신이 있다. 그러나 나는 또 일인자가 있을 수 없다는 사실도 잘 알고 있다.

사교에 대하여

나는 답답한 정장을 입는 게 싫다. 게다가 모든 사람이 저마다 과시하려는 곳에 가는 것도 질색이다.

에고의 교훈

사람이 주체가 되어 에고를 조종해야지, 거꾸로 사람이 에고에 이용당하거나 에고 때문에 눈이 멀어서는 안 된다.

에고와 자기암시

자기암시를 이용하면 에고를 전적으로 바로잡을 수 있다.

에고를 도구로 사용하라

물질 만능주의자들은 에고가 마치 소유물인 양 계속 에고에 집착한다. 그보다는 에고를 하나의 도구로 사용해보라. 마음속으로 자신이 그 누구도 아닌 것처럼 생각해보라.

무에 머물러라

자신에 대해 어떠한 설정도 하지 마라. 모든 것을 있는 그대로 내버려두어라. 물처럼 흘러라. 거울처럼 머물러라. 메아리처럼 반응하라. 존재하지 않는 것처럼 빠르게 지나쳐라. 순수처럼 고요해져라. 얻는 자는 결국 잃는다. 다른 사람을 앞서지 마라. 언제나 뒤를 따라가라.

겸손에 대하여

윗사람에게 겸손한 것은 의무다. 동료에게 겸손한 것은 예의다. 아랫사람에게 겸손한 것은 고결함이다. 모두에게 겸손한 것은 안전장치다!

에고 의식 버리기

사람의 자의식 또는 에고 의식은 모든 행동에서 곧장 눈에 띄게
나타난다. 그래서 그가 지금까지 얻었거나 향후에 얻을 능력이
자유롭게 드러나는 것을 방해한다. 그러므로 이런 주제넘은 자의
식 또는 에고 의식을 버리고 그 일이 이루어지도록 전념을 다하
되, 딱히 특별한 일은 없는 듯이 행동하라.

우리 대다수는 자의식에 시달리는 환자다

우리 대다수는 무분별함을 깨닫고 정신을 일깨우기보다는 자의
식 과잉으로 남에게 어떻게 보일까 하는 생각에 시달린다. 이런
힘든 상황에서 나타나는 특징은 공포 반응(회피)이다.

무의식 상태에서도 각성되어 있는 것이 열반의 비밀이다

의식적 무의식 또는 무의식적 의식에 이르는 것이 열반의 비밀이
다. 이런 행동은 직접적이고 즉각적이어서 여기에 관념이 끼어들
여지도 없고 이를 부술 수도 없다.

에고 의식은 끈질기다

'해방'에서 자기 가치를 확인하려고 하는 끈질기고 소유욕이 강한 이 에고 의식은 자기가 소유한 생각을 거부하고 역시 자기가 '소유한' 마음의 거울을 비움으로써 간교하게 현실을 속이려 든다. 여기서는 공 자체가 소유이자 '성취'로 간주된다.

에고의 경계선

에고의 경계선이 자신과 타자 사이를 구분한다. 에고의 경계선이 움직이지 않고 고정되어 있다면(사실은 그렇지 않다), 그 사람은 거북이나 갑옷같이 굳은 기질을 지닌 사람이 될 것이다.

에고 경계선의 안과 밖

에고 경계선 안쪽에는 결속, 사랑, 협동이 있다. 에고 경계선 바깥쪽에는 의심, 생소함, 낯섦이 있다.

나무 인형이 되어라

나무 인형이 되어라. 나무 인형은 에고도 없고 아무것도 생각하지 않는다. 또한 아무것도 소유하지 않고 집착하지도 않는다. 몸과 사지四肢를 스스로 훈련한 대로 움직이도록 내버려두어라.

자의식과 이중성

자의식 속에는 이중성이 들어 있다. 한편으로 그것은 자기와 구분되는 대상에 반영되거나 자기가 창조한 주체를 객체화하지만, 다른 한편으로는 과거의 굴레, 모든 정신적 습관, 우리 기억의 잔해에서 완전히 해방되고자 한다.

자의식 초월하기

인간은 의식, 곧 자의식을 극복해야 한다. '내가 이 일을 하고 있다'라고 생각하지 말고, '이 일이 내게 일어나고 있다' 또는 '자의식이 나를 위해 일하고 있다'라고 마음으로 깨달아야 한다. 자의식은 육체적 행동이 적절하게 행해지는 것을 방해하는 가장 큰 장애물이다.

우리 자신을 통해서 보라

우리 자신을 통해서 볼 수 있을 때 비로소 다른 사람을 통해서도
볼 수 있다.

투명해져라

자기인식이 없어지면 투명해진다. 자신을 의식하는 영혼은 불투
명하다.

11 ——— Concentration

집중

집중에서 유의할 점

집중은 배제의 또 다른 형태다. 배제가 있는 곳에는 그런 배제적
행위를 하는 생각의 주체가 있다. 바로 그렇게 집중을 하는 그런
배타적 사유자들이 모순을 만들어낸다. 그들의 중심에서 탈선이
나 산만함이 나오기 때문이다.

지나친 집중은 삶을 경시한다

집중은 우리의 마음을 좁게 만든다. 삶의 전체적 과정을 중시해
야 하는데, 특정 부분에만 배타적으로 집중하면 삶을 하찮게 만
들 수 있다.

집중하려면 인식해야 한다

집중하는 마음은 단지 주의를 기울이는 데 그치지 않는다. 먼저 인식해야 집중할 수 있다. 인식은 배타적인 것이 아니며, 거기에 모든 것이 담겨 있다. (A concentrated mind is not an attentive mind, but a mind that is in the state of awareness can concentrate. Awareness is never exclusive, it includes everything.)

집중해야 성공할 수 있다

실패의 가장 큰 원인은 집중의 부재다.

12 ——— On Reason

이성

이성은 본성의 빛이다

'본성의 빛 Light of Nature'은 종종 '이성의 빛(지성)'으로 번역된다.

이성을 따른다는 것

긍정적 감정이나 부정적 감정을 잘 조절하지 못하고 바람직한 결과로 이끌지 못하면 매우 위험하다. 나는 이 사실을 깨닫고 나서 내 모든 욕망, 추구하는 것, 목표를 이성의 능력에 맡겼다. 나는 이런 감정을 표현할 때 이성을 따랐다.

논리의 영역

논리의 가장 큰 문제는 옳은 주장과 옳지 않은 주장을 구분한다는 것이다.

논리는 단언적인 문장을 쓴다

논리는 단언적인 문장, 즉 세상일에 대해 자신의 주장을 내세우거나 단언하는 문장들만 사용한다.

논리학자

논리학자는 추론 과정에는 관심이 없고, 그 과정의 처음과 끝으로 구성되는 명제와 그 명제들 간의 관계에만 관심을 보인다.

명제

명제는 참 또는 거짓, 동의 또는 부정만을 다룬다.

전제와 결론

논증의 결론은 그 논증에 포함된 다른 명제를 근거로 하여 참임이 확인된 명제다. 그리고 결론에 대한 증거나 이유를 제시하는 것으로 확인된 이런 다른 명제들이 그 논증의 전제다. 하지만 홀로 존재하는 명제는 다음의 이유 때문에 전제도 될 수 없고 결론도 될 수 없다.

· 전제 – 논증에서 가정된 것이다.
· 결론 – 논증에서 가정된 명제에서 도출된다.

추론의 기술

추론은 하나의 명제가 제기되고, 그것이 하나 이상의 다른 명제를 토대로 확인되는 과정이다. 다른 명제를 토대로 확인되는 것이 그 과정의 출발점이다.

논증

논증은 어떤 한 명제가 다른 명제들로부터 도출된다고 주장되는 명제들의 집합이다. 여기서 후자의 명제들은 앞의 명제가 진리라는 증거를 제공하는 것으로 간주된다. 논증은 다음 두 요소로 구성된다.
- 전제
- 결론

논증의 두 가지 유형

논리적 논증에는 다음 두 가지 유형이 있다.
- 연역법
- 귀납법

연역법

연역법에서는 결론이 참인지 거짓인지가 논증의 타당성과 부당성 여부를 결정하지 않는다. 논증이 타당하다고 해서 결론이 꼭 참이라고 할 수는 없기 때문이다.

타당한 논증

타당한 논증은 모든 전제가 참이고, 따라서 결론도 참인 논증이다.

부당한 논증

부당한 논증이란 모든 전제가 다 참은 아니어서(일부만 참이다) 타당하지 않은 논증을 말한다.

정언 명제

정언定言 명제는 어느 집합에 대해 단언하는 명제로, 한 집합이 다른 집합에 부분적으로든 전체적으로든 포함되는지를 확인하거나 부정하는 명제다. 다음 삼단 논법을 예로 들어보자. 운동선수는 채식주의자가 아니다. 모든 축구 선수는 운동선수다. 따라서 모든 축구 선수는 채식주의자가 아니다. 이 논증의 전제와 결론은 운동선수 집합과 축구 선수 집합에 관한 단언적 주장이다.

정언 명제의 네 가지 표준 형식

정언 명제에는 다음 네 가지 표준 형식이 있다.

· 전칭 긍정全稱肯定 — 모든 S는 P다.
· 전칭 부정全稱否定 — 모든 S는 P가 아니다.
· 특칭 긍정特稱肯定 — S 중 일부는 P다.
· 특칭 부정特稱否定 — S 중 일부는 P가 아니다.

여기서 '일부'라는 단어는 관례적으로 '최소한 하나'라는 의미로
사용된다.

후험

'후험 posteriori'의 의미는 다음과 같다.

· 결과에서 원인을 분석해 들어가는 논증.

· 경험에 입각한 지식.

선험

'선험 priori'의 의미는 다음과 같다.

· 원인에서 결과를 분석해 들어가는 논증

· 경험과 관계없는 별개의 지식.

분석 명제

분석 명제는 그것의 부정이 자기모순이 되기 때문에 필연적으로
참인 명제를 말한다(예를 들면 '모든 짖는 개는 짖는다').

종합 명제

종합 명제는 자기모순적이지 않아서 그것을 부정하는 것도 자기모순이 아닌 명제다(예를 들면 '모든 개는 짖는다').

보편

'보편'의 의미는 다음과 같다.
- 여러 다른 물건에 공통으로 있는 것(예를 들어 '빨강은 모든 빨간색 사물에 공통으로 있다'). 모두에게 공통적으로 있는 것.
- 대상 집합의 전체에 관한 명제(예를 들어 '모든 S는 P다').

특수

'특수'의 의미는 다음과 같다.
- 집합이나 보편적인 것과는 구분되며, 단 하나만 있는 개별적인 것.
- 대상 집합의 일부에 관한 명제(예를 들어 'S의 일부는 P다').

소크라테스 식 방법

플라톤은 소크라테스에게서 영향을 받아 특정 주제에 대해 자신의 견해를 밝히는 특별한 방법을 사용했다. 그의 논증법은 다음 세 단계로 구성된다.

· 확실한 전제를 가지고 시작한다.
· 추론의 과정을 통해 반대 의견을 제시한다.
· 자신의 결론으로 이끈다.

소크라테스 식 방법 무너뜨리기

이른바 '소크라테스 식 논증법'을 무너뜨리는 유일한 방법은 다음 세 단계 과정뿐이다.

· 첫 번째 전제가 참이라는 데 성공적으로 이의를 제기하고
· 기본 전제를 근거로 삼은 나머지 전제를 논리적으로 차례로 부정하면
· 그 결론은 거짓이다.

13 ——— Emotion

감정

양심이 당신을 이끌도록 하라

감정은 흔히 지나친 열정에 사로잡혀 실수할 때가 많고, 이성은
판단을 내릴 때 정의와 자비를 겸비하는 데 필요한 따뜻한 감정
이 없는 경우가 많다. 그래서 나는 무엇이 옳고 그른지 판단할 때
내 양심이 나를 인도하도록 한다. 그리고 어떤 대가를 치를지라
도 양심이 내린 결정을 저버리지 않는다.

근육에도 감정이 있다

모든 감정은 근육 같은 신체 기관을 통해 표출된다. 사람이 걱정
에 빠지면 기쁜 생각은 눌리고 울적한 생각만 표출된다.

분노는 표출되어야 한다

분노를 밖으로 표출하지 않고 내버려두면 가학증, 무리한 행동,
말더듬 증세와 같은 또 다른 형태의 괴로움으로 바뀐다.

행동의 원동력

감정은 우리의 행동에서 가장 중요한 원동력이다.

감정과 잠재의식

잠재의식은 감정적 느낌에서 우러나온 생각을 좋아한다. 또한 다
른 생각보다 더 중요한 생각들도 좋아한다.

감정은 긍정적이기도 하고 부정적이기도 하다

내 감정이 긍정적일 때도 있고 부정적일 때도 있다는 것을 알기에, 나는 매일 긍정적인 감정을 발전시키고 부정적인 감정을 유익한 행동으로 전환하는 습관을 들이려고 노력한다.

14 ——— Happiness

행복

행복은 인간의 도덕적 척도다

인간의 도덕적 가치를 가늠하는 척도는 그가 얼마나 행복한지를 보는 것이다. 훌륭한 사람일수록 더 행복하다. 행복은 안녕安寧, well-being과 같은 말이다.

행복에 이른다는 것

행복 또는 올바른 처세를 위해서는 지식을 쌓아야 한다. 그래야 생각하고 추론하고 창조할 수 있다. 지식은 또 아름다움을 향한 열망을 불러일으킨다. 그러므로 남을 가르치려면 자신이 가르치는 것에 대한 지식이 있어야 한다.

단순한 기쁨

나는 이슬비를 좋아한다. 이슬비는 사람에게 평온하고 고요한 느낌을 준다. 나는 빗속을 걷는 것도 좋아한다. 그러나 무엇보다 좋아하는 것은 책이다. 나는 소설이든 비소설이든 가리지 않고 모든 종류의 책을 읽는다.

진정한 행운은 훌륭한 배우자를 만나는 것

나는 두 사람이 결혼하는 것을 보면 그들이 천국으로 가거나 지옥으로 가거나 둘 중 하나라고 생각한다. 그들은 동화 같은 삶을 살 수도 있고, 크나큰 고통을 겪을 수도 있다. 그런 점에서 나는 행운아다. 내 영화가 전 세계 곳곳에서 박스 오피스 기록을 깨서가 아니라, 내게 훌륭한 아내 린다가 있기 때문이다. 그녀는 누구에게도 비길 데 없이 훌륭하다. 내가 왜 이런 말을 하느냐고? 우선 나는 두 사람이 결혼하면 서로 우정을 가꿔 나가야 한다고 생각하는데, 린다와 나에게는 이런 우정이 있다. 우리는 한 쌍의 좋은 친구처럼 서로를 이해한다. 그래서 우리는 함께하는 시간이 행복하다. 내게 일어난 가장 행복한 일은 영화 〈당산대형唐山大兄, The Big Boss〉에 출연한 게 아니라 아내를 만난 일이다.

행복해지려면 행동해야 한다

누구나 행복을 얻을 수 있지만, 행복을 얻기 위해 계속 행동하는
지는 의문이다.

15 ——— Fear

두려움

두려움을 이해하라

두려움을 이해해야만 있는 그대로를 볼 수 있다.

지성과 두려움

두려워하지 않을 때 비로소 지성이 생긴다.

세심함과 두려움

당신이 이런저런 것들을 두려워하면 세심해질 수 없다.

결단력과 두려움

두려워하는 사람은 결단력도 없다. 두려움은 우리로 하여금 전통이나 권위자에게 매달리게 한다.

지성 vs. 권위

내적 권위 게임inner authority game(우리 마음속에서 서로 주도권을 차지하려는 욕심—옮긴이), 즉 권위 의식이 지성을 파괴한다.

수치심은 모욕감에 대한 두려움이다

수치심은 다른 사람이 보기에 자신이 열등한 상태일지 모른다는 모욕감에 대한 두려움이다.

자존심 안에는 두려움과 불안이 있다

자존심은 다른 사람의 눈에 자신이 우월하게 비치는 것이 중요하다고 강조한다. 그러나 자존심 안에는 공포와 불안이 자리 잡고 있다. 사람이 다른 사람에게서 깊이 존경받거나 우월한 상태가 되는 것을 목표로 삼다 보면, 그런 지위를 잃을까 봐 자신도 모르게 두려움에 사로잡히게 마련이다. 그렇게 되면 그 지위를 지키는 것이 가장 중요한 욕구가 되고, 그런 욕구가 걱정을 낳는다.

다른 사람에게서 존경받지 못할까 봐 생기는 두려움

진정한 자아는 내적 자아인데, 이 자아를 깨달으려면 우리는 다른 사람의 의견에 의존하지 않고 살 수 있어야 한다. 완전한 자족에 이를 때에야 비로소 우리는 다른 사람에게서 존경받지 못할까 봐 두려워하지 않게 된다.

다른 것들을 더 중요하게 생각할수록
우리 자신은 덜 중요하게 생각한다

우리는 자족할 수 있도록 최대한 노력해야 하며, 우리의 행복을 다른 사람이 외부에서 어떻게 평가하는지에 개의치 말아야 한다. 다른 것을 더 중요하게 생각할수록 우리 자신은 덜 중요하게 생각한다는 말은 진실이다. 우리가 존경받기 위해 다른 사람에게 의존할수록 우리는 자족에서 멀어진다.

16 ——— Will

의지

성공하려는 의지

남자를 진정으로 남자답게 만들어주는 것이 바로 성공하려는 의지다. 성공하기 위해서는 인내가 필요하다.

행하려는 의지

나의 행하려는 의지는 '나도 할 수 있다'는 것을 아는 데서 비롯된다. 내 마음 안에 두려움이나 의심이 없으므로 나는 그저 자연스러움을 따를 뿐이다.

의지는 마음속의 최고 법원

의지의 힘은 내 마음 전부를 지배하는 최고 법원 같은 것이다.

나는 어떤 목적을 위한 행동에 자극이 필요할 때 매일 의지의 힘을 훈련했고, 적어도 하루에 한 번은 행동으로 옮기는 습관을 길렀다.

양보하려는 의지에는 평온한 편안함이 있다

양보하려는 의지yielding will에는 깃털같이 부드러운 편안함이 깃든다. 이 의지는 고요함이자 모든 행동을 멈추는 것이며, 겉으로 보기에는 무능력한 모습(마음은 겸손하지만 행함은 강력한)이다. 근심걱정 없는 평온한 사람은 자연과 조화롭게 행동한다. 이런 사람은 창조의 길을 따라 움직이며 살아간다.

승부하려는 의지

'간절히 원하면 이길 수 있다'는 태도는 이기고자 하는 의지가 변함없이 꾸준하며, 이기기 위해서는 어떠한 고통과 노력, 조건도 감수하겠다는 것을 의미한다. 그런 태도는 이긴다는 생각이 수련자의 이상과 꿈에 깊이 스며들어 있을 때에민 계발될 수 있다. 내경험에 따르면 한계에 도전하는 운동선수들은 절실하다고 생각하는 한 계속 버틸 수 있다. 보통의 노력으로는 우리 몸에 잠재되어 있는 엄청난 힘을 끌어내기 힘들다. 비범한 노력, 감정에 고도로 복받친 상태, 어떤 대가를 치르더라도 이기고 말겠다는 진정한 결심만이 이런 특별한 힘을 발휘하게 한다. 그러므로 운동선수들은 아무리 피곤할지라도 이기려는 결심만 선다면 목적을 달성하기 위해 거의 무한에 가깝게 자신을 지탱할 수 있다.

도덕 vs. 권위

나는 옳지 않은 일이라면 천만금도 버릴 수 있지만, 반드시 해야 하는 옳은 일에서 조금이라도 뒤로 물러선다면 어떤 비난도 달게 받을 것이다.

자유 의지의 문제

자유 의지는 우리 자신의 의지에서 비롯되는가, 신이 부여하는가(이것은 중세 시대부터 이어져온 신학적 문제다), 아니면 인과 법칙(이 법칙에서 '자유'라는 말은 '우연'이란 말의 파생어가 된다)에 좌우되는가. 인간 행동이 인과 법칙에 좌우된다면 자발적 행동은 있을 수 없다는 문제가 생긴다.

의지는 치명적일 수 있다

의지보다 더 치명적인 무기는 없다.

의지와 여성

남자가 의지를 갖는다는 점은 의심할 나위가 없지만, 여성에게도 자신의 길이 있다!

의지는 정신적인 것이다

인간의 정신적 힘은 온갖 장애물을 극복한다.

영웅은 집념이 강한 사람이다

집념이 강하다는 것은 무엇을 의미하는가? '자신만의 의지가 있다'는 뜻 아닌가? 인간의 군중 심리는 적응과 복종을 요구하지만, 최고의 명예를 추구하는 사람은 고분고분하고 소심하고 무기력한 사람을 따르지 않고 집념이 강한 영웅들을 따른다.

집념은 외부의 법칙에 좌우되지 않는다

집념이야말로 인간이 만든 법칙에 좌우되지 않는 유일한 덕목인
것 같다.

집념을 갖는다는 것

집념이 있다는 것은 무슨 의미인가? 자신이 자기 영혼의 선장이
며 자기 인생의 주인이라는 것을 안다는 뜻인가? 도대체 그런 깨
달음을 얻게 하고 자신의 행동에 변화를 가져오는 것은 무엇일
까? **바로 진실하게 스스로 책임을 수용하는 것이다.**

집념이 있는 사람의 목적은 성장뿐이다

집념이 있는 사람의 목적은 오로지 성장이다. 그런 사람은 오직
한 가지, 자기 안에 있는 신비한 힘을 소중히 여긴다. 그 힘이 올
바르게 살아가며 성장하도록 도와주기 때문이다. 그런 사람에게
삶의 운명이란 자신의 마음속에 자리 잡은, 조용하고도 부정할
수 없는 법칙밖에 없다. 편안함에 길들여진 사람들은 그런 법칙
을 따르기가 어렵겠지만, 집념이 있는 사람에게는 이 법칙이 운
명이고 신성함이다.

17 ——— Good Will

선의

시간을 내어 다른 사람을 도와라

나는 다른 사람들을 무시하는 사람이 아니다. 조금만 시간을 내어 누군가를 행복하게 해줄 수 있다면, 왜 그러지 않는단 말인가?

다른 사람의 기분을 상하게 하지 마라

나는 의도적으로 다른 사람의 기분을 상하게 하지 않으며, 나 자신도 쉽게 기분 상하지 않는다.

어려운 문제는 해결하거나 견뎌라

어려운 문제는 멈추어서 해결하라. 만약 해결할 수 없으면 견뎌라.

진실한 삶

진실한 삶이란 다른 사람을 위해 사는 것이다.

말을 경계하라

모든 병은 입을 통해 들어가고, 모든 불행도 입에서 나온다.

이웃을 도와라

모두가 이웃을 돕는다면 도움을 받지 못하는 사람이 없을 것이다.

고귀한 인품

고귀한 인품은 거창하게 내세우지 않아도 작은 일에서 스스로 드
러나는 법이다.

진정한 친구는 드물다

진정한 친구는 다이아몬드처럼 귀하고 드물다. 거짓 친구는 가을 낙엽처럼 어디에나 있다.

우정이 스스로 자라게 하라

우정이 덩굴처럼 소리 없이 높이 자라게 하라. 우정은 한번 자라기 시작하면 저 혼자 쑥쑥 자란다.

사랑하고 존경하라

존경심이 없으면 사랑은 오래갈 수 없다.

능통함과 조화

동료들과 조화를 이루면서 당신이 속한 분야에 능통한 사람이 되어라.

친절함과 기억

사람은 자기에게 친절한 사람을 결코 잊지 않는다.

18 ——— Dreams

꿈

꿈은 미래의 현실이다

어제의 꿈이 종종 내일의 현실이 된다.

꿈을 실천하는 사람

꿈을 실천하는 사람에게는 반드시 행동이 뒤따른다.

꿈을 실천하는 사람은 결코 포기하지 않는다

지금 바로 내 생각을 미래에 비추어 보면 내 앞날을 미리 내다 볼
수 있다. 나는 꿈을 꾼다(꿈을 실천하는 사람은 결코 포기하지 않는

다는 것을 명심하라). 비록 지금 지하실 단칸방밖에 없을지라도 상상력을 최고로 이끌어내면, 내 마음속 캔버스에서 미국 전역에 지부를 가진 5~6층짜리 크고 멋진 쿵푸 도장의 그림을 볼 수 있다. 나는 결코 쉽게 낙담하지 않는다. 모든 장애물을 극복하고 나를 방해하는 것을 물리치며 마침내 '불가능한' 목표를 성취하는 나 자신을 상상한다.

꿈의 조각들이 내 성품의 일부가 된다

꿈의 서로 다른 여러 조각을 종합하여 장래상을 재구성하라. 꿈 속에 나타난 감춰진 잠재력을 재구성하라. 재구성한다는 것은 장래상을 이해한다는 의미다.

꿈을 되새기는 방법

꿈을 되새기는 방법은 그것이 마치 지금 일어나고 있는 양 되살리는 것이다.

19 ——— Spirituality

정신력

정신 수양의 어려움

정신 수양은 좀처럼 손에 잡히지 않는 어려운 일이다. 정신 수양을 자발적으로 하는 경우는 매우 드물다.

정신이 존재를 통제한다

정신은 전적으로 우리가 인지할 수 있는 영역 밖에 있지만, 존재를 통제한다는 사실에는 의심의 여지가 없다(정신이 어디에 있는지 우리는 결코 알 수 없다). 정신은 보이지 않는 곳에 있으면서, 외부 상황에서 어떤 일이 일어나든 모든 움직임을 스스로 찾아 통제한다. 따라서 정신은 끊임없이 움직이며, 어떤 곳에서든 단 한 순간도 머물지 않는다.

정신의 힘이 중요하다

사람이 자신 안에 있는 이런 위대한 정신의 힘을 의식적으로 깨닫고 그 힘을 과학, 사업, 삶에 사용하면 그 사람의 미래는 비할 바 없이 발전할 것이다.

정신력

무한한 정신력을 깨닫고 이를 이용하라. 이 **보이지 않는** 힘이 우주의 진정한 힘을 드러낸다. 정신력은 눈에 보이는 모든 것의 씨앗이다.

내면의 신성을 추구한다는 것

그것이 신성神性이든 아니든, 나는 이 위대한 힘, 잠재적 힘이 내 안에서 꿈틀거리는 것을 느낀다. 이런 느낌은 설명할 수도 없고, 다른 어떤 경험과도 비교할 수 없다. 이것은 믿음과 결합된 강력한 기분 같은 것이다. 아니, 사실은 그보다 훨씬 더 강력하다.

정신력은 모든 것을 초월한다

나는 이 위대하고 창조적인 정신력이 내 안에 있다고 생각한다. 정신력은 믿음보다, 야망보다, 자신감보다, 투지보다, 그 어떤 비전보다 더 위대하다. 정신력은 이 모든 것이 합해진 것이다. 나의 뇌는 내 안에 있는 이 놀라운 힘에 완전히 매료되었다.

강렬한 열망/열정이 내면의 신이다

강렬한 열망/열정은 우리 내면에 있는 신이다. 이것은 자연스럽게 신체를 '단련하는' 기술이 되며, 이 과정에서 우리는 인생의 의미가 무엇인지 아는 것 따위에는 관심이 없다. 우리는 그저 존재하는 것만으로도 존재의 본질을 충만하게 채운다.

우주의 정신

전체를 통합하는 원칙, 즉 우주의 정신은 나름의 계획을 가지고 있는 본능이며, 목적을 갖고 흐른다.

땅에서 사는 동안 천국을 묵상하라

나는 소유하지도 않고 소유당하지도 않으려 한다. 나는 더는 낙원을 원하지 않는다. 더 중요하게, 지옥도 두려워하지 않는다. 나더러 천국에 가서 무엇을 할 거냐고 묻는다면, 나는 이렇게 말할 것이다. "현생에서 아직 못 배운 것이 이렇게 많은데 왜 오지도 않은 먼 일을 생각해야 합니까?"

신의 존재에 관한 네 가지 질문

· 신이 존재한다는 것을 알 수 있는가?
· 신이 존재한다는 것을 어떻게 아는가?
· 신이 존재한다는 것은 무슨 의미인가?
· 신에 대해 어떤 생각을 하는가?

신을 믿는 것에 대하여

정말이지 솔직히 말해서 나는 신을 믿지 않는다. 만약 신이 있다면, 내 안에 있을 뿐이다. 무엇을 달라고 신에게 요청하지 마라. 내면의 문제에 대해서만 신에게 의지하라.

기성 종교에 대하여

나는 어떤 종교도 믿지 않는다. 나는 삶은 하나의 과정이며 인간은 스스로 생겨난 존재라고 믿는다. 개인의 정신은 그가 어떤 사고방식을 지녔느냐에 따라 결정된다.

기성 종교의 분열에 대하여

무술에서 스타일에 따라 사람을 구분하는 것처럼 종교도 사람을 분열시킨다. 세상에 종교가 하나밖에 없다면, 세상은 형제애로 통합될 것이다. 사람들은 다른 종교를 믿는다는 이유로 싸우기도 한다. 그러나 그 문제를 조금만 더 생각해본다면, 그런 어리석은 이유로 싸우지는 않을 것이다.

기성 종교의 문제

종교 갈등은 교리, 규칙, 편견 때문에 생긴다.

천국과 땅 사이

나더러 천국에 가서 무엇을 할 거냐고 묻는다면, 나는 이렇게 말할 것이다. "지금 현생에서 아직 끝마치지 못한 일이 많은데 왜 먼 일을 생각해야 합니까?"

정신은 슬픔 속에서 강해진다

행복은 몸에 좋지만, 슬픔은 정신을 강하게 한다.

영혼이 형태를 갖춘 것이 성품이다

성품이 영혼의 형태라면, 외양은 몸의 형태다. 사람의 진실성과 품위는 직접적으로 그 모습을 드러내지 않는다. 그런 것들은 내부에서 영향을 받아 간접적으로만 표출된다.

일상을 통해 정신이 자라도록 하라

삶은 작은 것으로도 만족한다. 그리고 화려함보다는 우아함을, 유행보다는 품위를 추구한다. 존경받으려 하기보다는 가치 있는 존재가 되고, 돈 많은 부자보다는 마음이 풍족한 사람이 되어라. 열심히 공부하되 생각은 잠잠히, 말은 부드럽게, 행동은 솔직하게 하라. 모든 것을 즐겁게 받아들이고 항상 용감하게 행동하되 때를 기다리고 절대 서두르지 마라. 한마디로 말하면, 정신을 일부러 불러내지 말고 무의식적으로 일상 속에서 자라게 하라.

정신을 그대로 발산시켜라

보상받으려는 생각, 칭찬받고 싶은 마음, 비판에 대한 두려움, 육체적 자아에 대한 의식을 모두 버려라. 감각에 의한 지각sense perception, 감관지각感官知覺의 통로를 모두 막고, 정신을 그대로 발산시켜라.

정신은 육체를 통제한다

비활동적인 것이 활동적인 것을 통제한다. 정신이나 마음은 비활동적인 것이고, 형태나 물질은 활동적인 것이다.

내면의 움직임을 최소화하라

외부 구조물에서 필요하지 않은 것을 다듬고 쳐내기는 어렵지 않다. 그러나 마음속에서 불필요한 것을 피하고 움직임을 최소화하기는 어렵다.

정신은 형태가 없다

선禪에 따르면, 정신은 본래 형태가 없으며 어떤 '사물'도 그 안에 품어서는 안 된다. 거기에 무언가가 들어가면, 영적 에너지가 균형을 잃고 본래의 활동을 할 수 없게 되어 더는 흐름을 따라가지 못한다. 에너지가 균형을 잃고 기울어져 많은 에너지가 한 방향으로만 쏠리면 다른 방향에서는 에너지가 부족해진다. 에너지가 너무 많이 몰린 곳은 에너지가 넘쳐 통제할 수 없는 지경에까지 이른다. 이중에 어느 쪽이든, 끊임없이 변화하는 상황에 대응하지 못한다. 그러나 **아무런 목적을 품지 않는 상태**(무심한 상태 또는 고요히 흐르는 상태)에서는 정신 속에 아무것도 들어 있지 않으며, 어느 한쪽으로 기울지도 않는다. 정신은 주체와 객체를 초월해, 무슨 일이 일어나든 허허로운 마음으로 반응할 수 있다.

정신 수련의 목적

정신 수련의 목적은 정신을 특정한 것에 국한하거나 치우치지 않게 하려는 것이다. 정신은 어디에도 없지만 또한 모든 곳에 있다. 10분의 1이 무언가로 차 있으면 나머지 10분의 9는 비어 있다. 의도적으로 어느 한 곳에 마음을 가둬두려 하지 마라. 마음이 흘러가는 대로 수련하게 하라. 정신은 대립물 없이 **단일한** 것이며, 무한하고 끊임이 없다.

3부

—

존재의 문제

01 ——— Health

건강

물처럼 흘러라

건강을 증진하기 위한 방법은 물에서 본뜬 것이 많다. 흐르는 물
은 썩는 법이 없기 때문이다. 다시 말해 물의 원리에 따라, 몸의
기능을 지나치게 발달시키거나 무리하게 운동하지 않고 정상적
으로 유지하는 것이다.

운동의 기쁨

나는 운동을 정말 좋아한다. 이른 아침에 조깅을 하면 얼마나 상
쾌한지! 홍콩은 세계에서 가장 북적거리는 도시지만 아침에는 놀
라울 정도로 평화롭다. 물론 거리에 사람들이 있지만, 달릴 때 나
는 그들을 의식하지 않는다.

조깅은 긴장을 푸는 데도 도움이 된다

내게 조깅은 운동일 뿐 아니라 휴식이기도 하다. 매일 아침 조깅을 하면서 혼자 사색하는 나만의 시간을 가질 수 있기 때문이다.

식습관에 대하여

몸이 원할 때에만 먹어라. 음식을 가지고 다니지 마라. 몸에 전혀 도움이 안 된다.

흡연, 음주, 도박에 대하여

나는 술도 마시지 않고 담배도 피우지 않는다. 그런 일들은 대개 무의미하다. 나는 몸에 연기가 들어가는 것이 좋지 않다고 생각하기에 담배를 피우지 않는다. 술은 그 맛 자체를 싫어한다. 사람들이 왜 그런 걸 마시고 싶어 하는지 이유를 모르겠다. 나는 도박도 하지 않는데, 세상에 공짜는 없다고 생각하기 때문이다.

건강은 균형을 이룬 상태다

건강은 현재 우리 상태(**어떻게** 마음먹느냐가 아니라 마음 상태가 **어떠한지가** 중요하다)의 **모든 것이 조화를 이루며** 적절한 균형을 유지하는 것이다. 건강한 사람은 방향성(감각 기관)과 행동 능력(운동 신경)이 모두 좋은 사람이다. 감각과 행동의 균형이 맞지 않으면 컨디션이 나쁜 것이다.

02 ——— Courtship

연애

연애가 반드시 결혼의 전제인 것은 아니다

연애가 항상 결혼에 유용한 것은 아니다. 연애를 하는 동안 두 사람은 서로에게 이끌려 뭔가 멋진 일을 하려고 한다. 춤을 추러 가기도 하고, 좋은 레스토랑에 가서 식사를 하기도 하고, 미술관에도 간다. 그러면서 그들은 자기 동네의 유흥거리를 섭렵한다. 그러나 그런다고 해서 서로를 잘 알아가는 것은 아니다.

성공적인 결혼은 대학에서 이루어지는 경우가 많다

미국에서 성공적인 결혼은 대학에서 많이 이루어진다. 대학에서는 각자 해야 할 과제가 있고, 남들이 어떤 의지와 열정을 가지고 책임을 달성하는지 평가할 수 있다. 대학에서 수업을 들으려면 수강 신청서를 내야 하지만, 매사를 유연하게 보면 학습에 재능 있는 동료 학생들의 성공 사례에서도 많은 것을 배울 수 있다.

사랑

정직과 사랑

나 자신과 내가 사랑하는 사람에게 솔직하고 진실하게 대하라.
진실만이 둘이 하나가 되게 할 수 있다. 사랑하는 사람은 내 인생
의 일부이며 둘 사이에 어떠한 자랑이나 자만심, 분노도 끼어들
어서는 안 된다.

사랑은 결코 손해 보는 일이 아니다

사랑은 결코 손해 보는 일이 아니다. 설령 응답받지 못하더라도
사랑은 내게 다시 돌아와 내 마음을 부드럽게 하고 순수하게 해
준다.

사랑에 대한 확신

나는 첫눈에 반한다는 말을 믿지 않는 사람은 아니지만, 두 번 생각하는 편이 더 좋다고 생각한다.

사랑의 결핍

사랑의 결핍은 불에 물을 끼얹는 것과 같다. 불에 물을 조금 끼얹으면 더 잘 타오르지만, 물을 많이 끼얹으면 불은 완전히 꺼진다.

사랑과 에고

사랑은 두 사람의 이기주의다.

스스로에게 하는 질문

나는 사랑받고 있는가?

올바로 사랑하는 것과 영리하게 사랑하는 것

나는 미친 사람처럼 사랑을 했지만 바보같이 사랑하지 않을 정도
의 감각은 충분히 지니고 있다. 올바로 사랑하는 것은 쉬운 일이
아니지만, 영리하게 사랑하는 것은 그리 어렵지 않다.

젊은이의 사랑과 성숙한 사랑

젊은이들의 사랑은 불꽃과 같다. 매우 아름답고 뜨겁고 격렬하지
만 그저 깜박이는 불빛과 같다. 반면 나이 든 사람들의 단련된 마
음의 사랑은 석탄처럼 뭉근하게 타오르며 좀처럼 꺼지지 않는다.

사랑은 수학적으로 공평하다

사랑하라, 그러면 사랑받을 것이다. 모든 사랑은 대수 방정식의
양쪽처럼 수학적으로 공평하다.

04 ———— Marriage

결혼

결혼은 우정이다

결혼은 매일 일상적으로 일어나는 일에 단단히 뿌리를 내린 우정
이자 동반자 관계다.

결혼은 자녀를 돌보는 것이다

결혼은 자녀를 돌보는 것이다. 자녀가 아프지 않은지 살피고, 올
바른 길을 가도록 교육하며, 자녀에 대한 걱정과 자랑을 부부가
함께 나누는 것이다.

결혼은 일상생활이다

결혼은 아침에는 아침 식사를 하고, 낮에는 남편과 아내가 각각

자기 직장에서 일하고, 저녁에는 저녁 식사를 하고, 조용한 밤에는 함께 이야기를 나누고 책을 읽거나 TV를 보는 것이다.

일상생활에서 우러나오는 결혼 생활이 더 오래가는 법이다

오늘 우리가 누리는 행복은 우리가 결혼하기 전부터 행해왔던 일상생활에서 비롯된다. 일상생활에서 우러나오는 행복이 더 오래 간다. 마치 석탄처럼 천천히 조금씩 타오르기 때문이다. 일시적 흥분에서 우러나오는 행복은 활활 타오르는 불 같지만 곧 사그라진다. 많은 젊은 커플이 사랑에 빠져 있을 때에는 아주 신나는 삶을 산다. 그런데 결혼한 후 삶에서 흥분이 가라앉고 따분해지면 초조함을 느끼고 슬픈 결혼의 쓴 잔을 마신다.

결혼은 반쪽과 반쪽이 합해져 하나가 되는 것이다

내 아내와 나는 각각 하나가 아니다. 우리는 두 개의 반쪽이며 합해서 온전한 하나가 된다. 가족의 일원이 되도록 자신을 맞추어야 한다. 두 개의 반쪽이 함께 짝을 이루는 것이 각각 홀로 있는 것보다 더 효율적이다!

조건 없는 사랑

나에게 조건 없는 사랑을 베푼 그녀의 성품에 감동했다. 그녀는 우리 관계를 아무런 조건 없이 평온하고 객관적으로 다룬다. 나는 이것이 부부가 지녀야 할 태도라고 생각한다. 예를 들어 내가 어떤 한 가지 주제를 말하면, 아내는 그에 대해 자신의 의견을 말한다. 당연히 우리는 그 문제를 가지고 서로 상의한다. 그러지 않았다면 우리는 함께 잘 지내기 어려웠을 것이다.

사랑을 인정하는 것이 중요하다

린다는 내가 감사해야 하는 아주 중요한 사람이다. 그녀의 마음속에는 짐승 같은 나 이소룡을 사랑하고 이해하며 모든 것을 양보하고 헌신하는 인간다운 품성이 있다. 그녀는 나를 있는 그대로 내버려둔다. 서로 분리되어 있으면서도 긴밀하게 관계를 맺으면서 성장해나가는 우리의 행로에서 그녀는 둘도 없는 동반자이며, 내 삶을 무한하게 풍요롭게 해주는 존재이고, 내가 사랑하는 여인이며, 참으로 다행스럽게 내 아내다. 워싱턴 대학교를 다닌 덕에 린다를 만난 것이 얼마나 영광이었는지를 말하지 않고는 이 문장을 마칠 수 없다.

05 ——— On Raising Children

자녀 양육에 대하여

최고의 행동 규범

모든 교육에서(내 아이들의 교육에도) 공자의 철학을 가르쳐야 한다. 공자의 철학에는 내가 대접받고 싶은 대로 남을 대접하라는 황금률, 충성심, 지성, 우리 삶의 다섯 가지 중요한 관계, 즉 군신 간君臣有義, 부자간父子有親, 형제간長幼有序, 부부간夫婦有別, 친구 간朋友有信의 관계에서 개인의 완전한 발전을 추구하는 내용을 비롯해 최고의 행동 규범이 포함되어 있다. 이런 가르침을 받은 자녀들이 크게 잘못되는 일은 없을 것이다.

자녀들을 때리지 마라

나의 아버지는 나를 결코 때리신 적이 없다. 어머니께서는 내 엉덩이를 꽤 때리셨지만! 나도 내 아이들을 때리지 않을 것이다. 아버지라면 상황에 능동적으로 대처할 수 있어야 한다고 생각한다.

자녀 교육

나는 아이들과 놀기도 하고 농담도 즐기지만, 일은 일이다. 중요한 일이 생겨서 함께 놀러 가지 못하면 아이들이 기분 상하지 않도록 노력한다. 그래도 아이들에게 해야 할 말은 하고, 그들이 좋아할까 싫어할까를 걱정하지 말고 지켜야 할 규칙을 세워라.

당신은 당신이 하는 행동에 따라 평가된다

당신이 어리석은 행동을 하면 당신을 놀리는 누군가는 항상 있기 마련이다. 으스대는 행동은 바보들만이 자랑스럽게 생각한다. (If you make an ass out of yourself, there'll always be someone ready to ride you. Showing off is the fool's idea of glory.)

교육

교육과 창의성

내면의 자신이 총명하지도 않고 창의적이지도 않다면, 교육이 무슨 소용이 있겠는가?

교육의 본질

교육의 본질은 지성을 키우는 데 있다. 교활함이나 시험 합격 같은 것이 아니다.

독학의 중요성

독학은 위대한 사람을 낳는다.

교육의 목적

교육은 새로운 것을 발견하는 과정이지 이미 있는 것을 모방하는 것이 아니다. 내적 경험 없이 익히는 기술은 피상에 머물 뿐이다.

교육이 반드시 공식적일 필요는 없다

그렇다면 학교는 과연 얼마나 중요할까? 나는 워싱턴 대학교에 들어갈 때 간신히 합격했다.

교육에서 받아들임과 쌓임의 차이

얼마나 많이 배웠느냐가 아니라 배운 것을 얼마나 많이 수용했느냐가 중요하다. 비록 간단한 일일지라도 올바르게 실행하는 것이야말로 최고의 기술이다.

07 ———— Teaching

가르친다는 것

가르치기 위해서는
아주 유연하고 세심한 마음을 가져야 한다

진정한 스승이 되려면 무엇보다도 상투적인 방법이나 훈련 체계에 의존하기보다는, 학생 개개인의 특성을 연구해서 내적으로나 외적으로 스스로 탐구하도록 일깨워주고, 궁극적으로 그들이 자아와 존재를 통합할 수 있도록 해야 한다. 그런 가르침을 펼치려면 아주 유연하고 세심한 마음이 필요하며, 남을 가르치려는 태도로는 할 수 없다. 그런데 요즘에는 그런 가르침을 받기가 어렵다.

스승은 진리를 안겨주는 사람이 아니라
진리를 가리키는 사람이다

훌륭한 스승은 진리를 안겨주는 사람이 아니라 진리를 가리키는 사람이다. 그런 스승은 유형有形의 가르침을 최소화하고 제자들을

170

무형無形의 가르침으로 이끈다. 그런 스승은 하나의 틀에 갇히지 않고 그 틀 안으로 들어가는 것, 즉 원칙에 구속되지 않으면서도 원칙을 지키는 것이 얼마나 중요한지를 잘 보여준다.

훌륭한 스승은 상투적인 방법에 얽매이지 않는다

훌륭한 스승은 상투적인 방법에 얽매이지 않는다. 그런 스승은 제자들에게 생명 없는 형식, 즉 이미 형식화된 것에 맞추라고 강요하지 않는다.

가르치기 가장 어려운 것

훌륭한 스승은 자기 제자들에게 영향을 미치려고 하지 않는다. 사람을 어떤 것에 숙련되도록 가르치기는 쉽지만 자기만의 태도를 갖도록 가르치기는 어렵다. 따라서 가르치는 순간마다 예민하고 세심한 마음가짐, 즉 끊임없이 옳은 방향으로 조절되고 변화하는 자세가 필요하다.

내 말을 시험해보라

분명히 말하지만 나는 스승이 아니다. 단지 길 잃은 여행자를 위한 안내 표지가 될 수 있을 뿐이다. 방향을 결정하는 일은 전적으로 당신에게 달려 있다. 내가 줄 수 있는 것은 경험이지 결론이 아니다. 그러니 내가 말한 내용조차 당신이 철저히 검증해보아야 한다. 나는 원인과 결과에 대한 당신의 인식을 일깨워줌으로써 당신이 자신의 문제를 스스로 발견하고 검증하도록 도울 수 있을 뿐이며, 당신을 가르칠 수는 없다. 나는 스승이 아니기 때문이다. 나에게는 또 어떤 스타일도 없다. 나는 어떤 체계나 방법도 믿지 않는다. 체계도 없고 방법도 없는데 내가 무엇을 가르치겠는가?

이상적인 스승이란?

중요한 것은 '무엇'을 생각하느냐가 아니라 '어떻게' 생각하느냐다. 결국 교육이란 앞으로 여러 기능이 자라날 뿌리를 심는 데 불과하다. 방황하는 학생들의 마음을 끌어올려 절대적 인식 수준까지 높여줄 방법을 찾아보라.

가르침의 여섯 단계 원칙

- 교육받는 사람에게 동기를 부여한다.
- 교육받는 사람의 주의를 확실히 끌어 유지하게 한다.
- 정신 활동(생각)을 촉진한다. ─ 토론, 질문, 강의
- 배울 대상을 명확하게 설명한다. ─ 대상 요약
- 설명하는 대상의 중요성, 의미, 실제 적용 등에 대한 이해력을 높인다(명확한 목적).
- 완전히 학습될 때까지 위 다섯 단계를 반복한다.

교육이 끝나면 보상하라

교육이 끝나면 보상하라. 칭찬은 확실히 더 나아지고 싶은 노력과 욕구를 자극한다. 정직한 칭찬을 아끼지 마라.

가르친다는 것은 직접적인 관계를 맺는다는 뜻이다

나는 국내외에 지사나 자회사를 거느린 거대한 교육 조직을 신뢰하지 않는다. 그렇게 많은 사람을 가르치려면 어떤 체계를 갖춰야 하고, 그곳에서 배우는 사람들은 결과적으로 그 체계의 영향을 받게 마련이다. 나는 그렇게 가르치는 방식을 거의 신뢰하지 않는다. 직접적이고 진실한 관계를 맺으려면 각 개인들에게 계속 관심을 가지고 그들을 관찰해야 한다고 생각하기 때문이다.

영혼이 빈곤할수록 외적인 안정을 추구한다

마음이 빈곤할수록 우리는 외적으로 풍요로워 보이려고 애쓴다.

가르치는 데 고정된 방법은 없다

가르치는 데 고정된 방법은 없다. 내가 줄 수 있는 건 특정한 문제에 대한 적절한 처방뿐이다. 나는 어떤 방향이 있는지 설명할 뿐이다. 그 이상은 아니다. 이는 달을 가리키는 손가락과 같다. 손가락에 마음을 빼앗기지 마라. 그러지 않으면 하늘의 영광을 놓칠 것이다.

진지한 학생은 드물다

성실하고 진지한 학생을 만나기는 어렵다. 많은 사람이 쉽게 열광하다가 식어버린다. 심지어는 나쁜 의도를 가지고 오는 사람도 있다. 그러나 안타깝게도 대부분은 모방 무술가들, 즉 남의 무술을 따라 하는 사람들이다.

08 ——— Ethics

윤리

올바른 행동에 대하여

올바른 행동은 이성과 창의력의 영향을 받는다.

'좋은 인생'은 과정이다

좋은 인생이란 어떤 상태가 아니라 하나의 과정이다. 이는 어떤 방향으로 가고 있다는 의미이지, 목적지를 가리키는 것이 아니다. 좋은 인생은 자유 의지로 어느 방향으로 나아갈 때 온전한 유기체인 자신이 선택한 방향이다.

객관적 표준을 위한 지식

올바른 행동의 객관적 표준을 세우려면 지식을 쌓아야 한다.

'목적을 위한 수단'은 없다

목적을 위한 수단은 없다. 오로지 수단만 있을 뿐이다. 나 역시도 수단이다. 처음 시작할 때도 나였고, 삶이 끝날 때에도 나에게 남는 것은 나일 것이다. 그러므로 수단을 제외한 모든 목적은 환상일 뿐이며, 어떤 것이 되어가는 과정은 존재라는 멈춰진 상태를 부정한다.

당신의 이해력을 높여라

어떤 문제를 '바로잡으려고' 서두르지 마라. 그 대신 무지無知의 원인을 더 많이 발견하려고 끊임없이 노력하면서 그 과정을 통해 이해력을 높여라.

행복은 적절한 상황을 조성하기 위해
적절한 도덕적 행동을 하는 데 있다

행복은 모든 상황에 맞는 엄격한 표준을 찾는 데 있지 않다. 오히려 어떤 특별한 상황을 만들기 위해 취해야 할 올바른 행동을 찾는 데 있다.

경솔하게 판단하지 말고 충분히 이해하라

자신이 들은 바에 반드시 즉각적으로 반응해야 하는 건 아니다. 그러려면 즉각적인 평가나 판단이 필요한데, 그보다는 오히려 전체적인 상황을 충분히 이해해야 하지 않을까?

가장 어려운 세 가지

다음 세 가지가 가장 어렵다.
· 비밀을 지키는 것.
· 상처를 잊는 것.
· 여가를 잘 활용하는 것.

도덕적 행동: 상대적으로 판단할 것인가, 절대적으로 판단할 것인가

도덕적 행동이 절대적이라고 생각하는 것은, 행동이 옛날 방식을 따라야 한다고 주장하는 것이다. 즉, 특정한 방식의 행동 규정이 항상 모든 것에 적용될 수 있다는 주장이다. 반면 도덕적 행동이 상대적이라고 생각하는 것은, 행동이란 다양한 시대, 지리적 환경, 사회경제적 욕구, 종교적 믿음 등에 따라 다르다고 여기는 것이다. 이렇게 생각하는 사람은, 어떤 행동이 올바르다고 표현하는 것은 공익公益 차원에서 판단할 문제라고 주장한다. 반면 도덕적 행동이 절대적이라고 보는 사람은, 올바른 행동이라는 표현은 상황에 관계없이 언제나 똑같이 쓸 수 있다고 주장한다.

객관적 가치 판단과 주관적 가치 판단에 대하여

객관적 질문에 대한 판단은 객관적 판단이다. 반면에 객관적 질문에 개인적 견해를 밝히는 것이 주관적 판단이다. 객관은 사실에 근거한다. 주관은 견해의 문제다. 어떤 것을 어떤 이유로 나쁘다고 **생각하는** 것과, 그것이 나쁘다는 사실을 입증하고 설명하면서 정당화하는 것은 완전히 다르다. 우리가 말하는 특징이 (대상에 내재된) 활동의 실제 특징인 경우에만 그 개념은 객관적인 것이다.

도덕에 관한 기본적인 질문 두 가지

도덕이라는 주제에는 다음 두 가지 문제가 있다.
· 좋은 행동 또는 나쁜 행동은 어디서 오는가?
· 무엇이 좋은 행동 또는 나쁜 행동을 하게 만드는가?

인간의 고통

명예와 불명예 둘 다 감정을 고조시키는 원인이다. 인간의 고통은 자신에 대한 애착에서 비롯된다.

가난과 평화

가난한 나라나 가난한 사람은 곤경에 빠지면 대개 적대적이다. 가진 게 아무것도 없다면 적대적으로 행동할 가능성이 높기 때문이다. 하지만 그들이 좀 나아질 때까지 기다려보라. 그들은 곧 다른 나라 사람들처럼 평정을 되찾고 평화를 원할 것이다.

겸손하면 명예를 얻을 수 있다

겸손은 명예의 기본이다. 이는 높은 건물의 기초도 낮은 땅인 것과 같은 이치다.

네 가지 윤리 이론

네 가지 윤리 이론이 있다.

· 윤리의 객관론 ─ 선함은 객관적인 것이며(플라톤의 이론), 여기에서 뺄 것이 전혀 없다.
· 윤리의 결과론 ─ 결과를 봐야 행동이 선한 것임을 알 수 있다(예를 들면 공리주의). 즉, 최대 다수를 위한 최대 행복(앞에서 언급한 객관주의보다 더 믿기 쉬움)이 선한 행동이다.
· 윤리의 동기론 ─ 행동의 도덕적 특성은 행위자의 동기에서 나온다. 행위자가 좋은 의도를 가지고 있는 한, 그것은 나쁜 행동이 아니다(이마누엘 칸트도 동기 이론가다. 그는 다음과 같이 말했다. "늘 하는 행동을 합리화할 수 없다면, 어떤 행동도 하지 마라")
· 윤리의 인정론 ─ 어떤 행동을 좋다거나 나쁘다고 말하는 것은 다른 사람의 인정 여부에 달려 있다.

선과 아름다움의 본질적 가치

선과 아름다움은 그 자체로 평가하라. 그것이 구현된 모습으로
평가하지 마라.

내 성품에 대하여

솔직히 말하면, 나는 어떤 사람들처럼 그렇게 나쁜 사람은 아니
다. 그렇다고 내가 성인聖人이라는 말은 절대 아니다!

09 —— Racism
인종 차별주의

인간의 형제애에 대하여

내가 '태양 아래 모든 사람은 지구촌 가족'이라고 말한다면 당신은 나를 허풍쟁이나 이상주의자로 생각할지 모르겠다. 그러나 아직도 인종 차별 의식을 갖고 있는 사람은 시대에 크게 뒤떨어진 편협한 사람이라고 생각한다. 그런 사람은 인간의 평등과 사랑을 아직도 이해하지 못하는 사람이다.

하늘 아래 오직 한 가족만 있을 뿐이다

기본적으로 인간의 속성은 어디에서나 똑같다. 나는 이 말이 '공자 가라사대'처럼 들리지 않기를 바란다. 그러나 진짜로 하늘 아래에는 한 가족만 있을 뿐이다.

인종 차별의 뿌리는 인습이다

많은 사람이 여전히 인습에 얽매여 있다. 어른 세대가 어떤 것에 대해 '아니다'라고 말하면, 다른 사람들도 덩달아 그것에 대해 '아니다'라고 생각한다. 어른 세대가 어떤 것이 '틀렸다'라고 말하면, 다른 사람들도 덩달아 그것이 '틀렸다'고 생각한다. 그들은 좀처럼 진실을 찾으려고 하지 않으며, 자신의 진짜 생각을 진지하게 표현하지 않는다. 그러나 사실 인종 차별에 대한 어른 세대의 의견은 인습일 뿐이며, 인습은 어른 세대의 경험 속에서 규정된 '정형화된 생각'에 불과하다. 우리도 발전하고 시대도 변한 만큼 그런 낡고 정형화된 생각은 전면적으로 바뀌어야 한다.

인습에서 벗어난 사람에게는 편견이 없다

나 이소룡은 공포를 조장하는 정형화된 생각은 결코 따르지 않는다. 당신의 피부색이 검든 희든, 빨갛든 파랗든 나는 아무 거리낌 없이 당신과 친구가 될 수 있다.

10 ——— Adversity

역경

역경은 우리에게 이롭다

인생이 늘 잘 풀리면 우리는 대체로 자신의 행동을 점검하지 않
는다. 그러나 역경이 다가오면 우리가 놓인 상황을 다시 생각해
보기 마련이다. 그래서 역경은 우리에게 이롭다.

역경을 겪은 후에야 비로소 마음이 올바로 생각한다

모든 것이 잘나갈 때 우리의 마음은 기쁨과 소유욕 등으로 넘실
댄다. 우리의 마음은 고난, 궁핍, 불행의 시기를 만나야 비로소
제대로 작동하며 자신의 상태에 대해 올바로 생각한다. 이렇게
자신을 철저하게 점검해야만 마음이 강해질 수 있으며, 남을 제
대로 이해하고 남에게 이해받을 수 있다.

어리석은 질문도 중요하다

어리석은 사람이 현명한 질문에서 배우는 것보다, 현명한 사람이
어리석은 질문에서 배우는 것이 더 많다.

걱정과 부정적인 생각에 에너지를 낭비하지 마라

나만큼 직업이 불안정한 사람이 또 있을까? 내 직업이 뭔지 아는
가? 나는 내가 그 일을 잘 해낼 수 있다고 믿는다. 나는 등이 아파
서 1년 동안 아주 고생했다. 하지만 모든 역경 뒤에는 축복이 따
라오게 마련이다. 때로는 그런 충격이 일상의 진부함에 빠지지
않도록 일깨워주는 역할을 하기 때문이다.

염려는 나쁜 일을 예방하는 방어 수단이다

당신이 방어할 수 없는 나쁜 일이라면 절대 그 일을 초래하지 마
라. 나쁜 일을 막을 수단으로 삼을 수 없는 염려라면 아무 소용이
없다.

지는 것이 수치는 아니다

다른 사람에게 졌다고 해서 수치스러운 것은 아니다. 당신이 지고 있을 때 '내가 왜 지고 있지?'라고 스스로 묻는 것이 중요하다. 이렇게 자신을 돌아보는 사람에게는 희망이 있다.

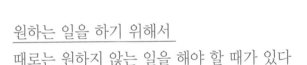

원하는 일을 하기 위해서
때로는 원하지 않는 일을 해야 할 때가 있다

건강을 잘 유지하려면 쓴 약을 먹어야 하는 것처럼, 우리가 좋아하는 일을 하기 위해서 때로는 원하지 않는 일을 해야 할 때가 있다. 친구여, 그러므로 무슨 일이 일어나느냐가 아니라 그 일에 어떻게 반응하느냐가 중요하다. 네가 어떻게 마음먹느냐에 따라 그 일은 디딤돌이 될 수도 있고 걸림돌이 될 수도 있다.

슬픔도 스승이 될 수 있다

슬픔은 최고의 스승이다. 사람은 망원경보다 슬픔을 통해 더 멀리 내다본다.

어리석음의 형태

어리석음은 두 가지 형태로 나타난다. 하나는 말로 어리석음을 드러내는 것이고, 다른 하나는 말해야 할 때 침묵하는 것이다. 침묵하는 어리석음은 참을 만하다.

세상은 말썽꾼들로 가득 차 있다

세상은 잘났다고 주장하거나 다른 사람에게 고통을 끼치는 사람들로 가득 차 있다. 그런 사람들은 남의 눈에 띄기 위해 앞서가길 원한다. 도를 따르는 사람에게 그런 야망은 아무 소용이 없다. 도를 따르는 사람은 어떤 형태의 자기주장이나 경쟁도 거부하기 때문이다.

역경은 당신을 더욱 성숙하게 한다

당신은 역경을 통해 더욱 성숙해진다. 폭풍우가 아무리 심하게 몰아쳐도 한번 지나가면 모든 식물이 훌쩍 자라는 것과 같은 이치다.

역경은 비와 같다

역경은 이른 비와 늦은 비(구약성경 〈요엘〉 2:23에 나오는 표현—옮긴이)가 오는 때다. 이 기간은 사람에게나 동물에게나 춥고 불편하며 을씨년스럽다. 그러나 그렇기 때문에 이 기간 동안 꽃과 열매가 맺힌다. 대추, 장미, 석류도 이때 꽃을 피우고 열매를 맺는다.

패배도 교육이다

패배가 무엇인가? 그저 교육에 불과하다. 더 좋아지는 첫 단계일 뿐이다.

고독하다고 해서 당신은 혼자가 아니다

고독은 외부와의 교제를 끊고 자신을 찾는 기회일 뿐이다. 고독 속에서야말로 당신은 혼자가 아니다. 고독을 잘 활용하라.

좌절의 소중함

좌절이 없다면 당신 스스로 무언가를 할 수 있다는 사실을 알지 못할 것이다. 우리는 갈등을 통해 성장한다.

모욕을 참고 견뎌라

당신의 길을 추구하려 한다면 모욕을 참고 견디는 것보다 더 평화로운 것은 없다. 인내는 소극적인 것이 아니다. 그와는 정반대로 집중된 힘이다.

믿는 도끼에 발등 찍힌다

세상에는 온갖 종류의 사람이 있다. 아무나 함부로 믿지 마라.

현명한 사람은 불행에서도 기회를 찾는다

세상에 불행하기만 한 일은 없다. 현명한 사람은 그런 일에서도 기회를 찾는다. 또한 좋기만 한 일도 없다. 행운을 자신의 편견으로 바꾸어버리는 바보도 있으니까.

불안

불안은 **현재**와 **과거** 사이에 있는 틈이다. 당신이 현재에 존재한다면 불안은 있을 수 없다. 현재 하고 있는 자발적 행동 속으로 기쁨이 즉각 흘러 들어오기 때문이다.

비평가들

무식한 사람이 말이 많은 법이다. 혀를 무기로 삼는 사람들도 도망갈 때는 발을 사용한다.

성취로 가는 길에는 항상 장애물이 있다

큰일을 이루는 과정에는 언제나 장애물이 있다. 중요한 것은 장애물 자체가 아니라 그 장애물에 어떻게 대응하느냐다. 당신이 패배를 스스로 인정하기 전까지 패배는 없다. 끝날 때까지 끝난 것은 아니다!

주저하는 마음은 해결책이 아니다

좋든 싫든 상황이 주어지면 나는 내심 파이터로서 처음부터 싸우는 편이지만, 내게 정말로 필요한 것은 주저하는 마음이나 불필요한 갈등(정신의 분산)이 아니라 힘을 모아 재정비해서 그 힘을 최대한 활용하는 것임을 금방 깨닫는다.

힘든 상황에 걱정까지 더하지 마라

어떤 결과에도 연연하지 않는 평정심을 유지하고, 이기든 지든 싸우거나 달릴 준비를 하라. 어떤 것에든 웃고, 어떤 상황이 오든 정면으로 대응할 태세를 갖춰라. 아이들이 아프다고? 집세를 낼 수 없다고? 좋다. 이 모든 사실을 받아들이고 정면으로 마주하라. 걱정거리를 더 만들지 않아도 이 정도면 충분하지 않은가?

손으로 흙탕물을 깨끗하게 만들 수는 없다

누가 흙탕물을 깨끗하게 만들 수 있단 말인가? 그러나 내버려두면 저절로 맑은 물이 된다. 누가 과연 완벽한 고요에 도달할 수 있겠는가? 그러나 평정심을 유지하고 시간이 흐르도록 내버려두면 고요에 점점 가까이 이르게 될 것이다.

걱정은 주위 사람들에게까지 퍼진다

걱정에 사로잡힌 사람은 자신의 문제도 해결하지 못할 뿐 아니라 그의 조바심과 성급함 때문에 주위 사람들에게까지 문제를 퍼뜨린다.

계속 전진하라

왜 지나가는 한순간의 환상에 불과한 상황(어떤 경우든 지나간 원인의 결과다)에 사실인 것처럼 긴장감을 더하는가? 하는 편이 낫다고 생각되는 행동을 했으면 이제 잊어버리고 계속 전진하라. 계속 가면서 새로운 관점을 보라. 계속 가면서 새가 나는 모습을 보라. 이미 경험한 것들은 모두 버리고 계속 나아가라.

11 ——— Confrontation

대결

무술 솜씨를 겨루지 마라

남과 무술 솜씨를 겨루지 마라. 처음에는 호의적으로 시작해도
나중에는 적대적으로 끝난다.

재미나 경쟁을 위해 솜씨를 발휘하지 마라

무술 솜씨를 보인답시고 재미를 추구하거나 경쟁하는 자리는 원
천적으로 차단하라.

'결투를 청하는' 사람들에 대하여

이런 사람들의 마음은 뭔가 잘못되었음이 틀림없다. 그들이 올바른 마음을 지녔다면 다른 사람에게 결투를 청하지 않았을 것이다. 이런 사람들은 대개 불안을 느낀 나머지 막연한 목적을 이루기 위한 수단으로 활용하고 싶어서 결투를 청한다.

결투의 결과를 예상하지 마라

가장 큰 실수는 결투의 결과를 예상하는 것이다. 결투가 승리로 끝날지 패배로 끝날지 미리 생각해서는 안 된다.

결투 신청을 받는 것에 대하여

나는 결투 신청을 받는 것에 한 가지 의미가 있음을 알았다. 바로 그 도전에 **당신이** 어떻게 대응하느냐, 그 도전이 **당신에게** 어떤 영향을 미치느냐 하는 것이다. 당신이 안정된 상태라면 당신은 그 대결을 매우 가볍게 받아들일 것이다. 당신 스스로에게 이렇게 물을 테니 말이다. **내가 정말로 저 사람을 두려워하는 걸까? 또는 그가 나를 이길 것이라는 의심이 내 안에 있는가?** 내 안에 그런 두려움이나 의심이 없다면, 나는 확실히 그 대결을 가볍게 받아들일 수 있을 것이다. 마치 오늘 비가 세차게 내리고 있어도 내일이면 해가 다시 떠오르는 것처럼.

모든 분쟁은 법으로 해결할 수 있다

오늘날에는 거리로 나가 사람을 발로 차거나 주먹으로 때리거나 하는 사람은 없다. 그랬다가는 누군가가 총을 꺼내 당신을 쏠 테니 말이다. 그렇다. 당신의 무술 실력이 얼마나 뛰어난지는 중요하지 않다. 오늘날에는 모든 것을 법으로 해결할 수 있다. 설령 당신이 부친의 복수를 하려 한다 해도 직접 그 사람에게 결투를 신청할 필요는 없다.

대결을 자제하라

당신이 허락하지 않는다면 누구도 결투로 당신을 해칠 수 없다.

환상을 꿰뚫어보라

실제로는 우리가 싸워야 할 상대가 없다. 싸울 상대가 있다는 환상만 있을 뿐이다. 환상임을 깨닫도록 하라!

초월해야 한다

자연의 투쟁은 무엇이든지 간에 절대적 존재를 만날 때까지는 만족스럽게 해결될 수 없다. 그곳에서는 누구도 상대방에게 영향을 미칠 수 없다. 필요한 것은 중립이나 무관심이 아니라 **초월**이다.

12 ——— Adaptability
적응력

적응이란?

적응이란 무엇인가? 적응은 그림자가 몸의 움직임을 즉각 따라가
는 것과 같다.

적응이 중요한 이유

적응하지 못하면 멸종되므로 적응은 중요하다.

적응은 움직임 속의 고요다

고요 속의 고요는 진짜 고요가 아니다. 움직임 속에 있는 고요만
이 우주의 리듬을 드러낸다.

적응은 지혜다

지혜는 악으로부터 선을 끄집어내려 애쓰는 것이 아니라, 코르크 마개가 출렁이는 파도에 자신을 맡기는 것처럼 '파도 타기'를 배우는 것이다.

적응력 있는 마음

적응력 있는 마음은 긴장하는 것이 아니라 준비된 마음, 생각만 하는 것이 아니라 허황된 꿈을 꾸지 않는 마음, 경직된 마음이 아니라 유연한 마음이다. 어떤 일이 닥치든 그 일을 올바로 인식하고, 경계하고, 준비하라.

스스로 변화함으로써 변화에 유연하게 대처하라

마음이 유연해야 변화에 변화로 대처할 수 있다. 자신을 비워라! 마음을 열어라! 컵은 비어 있을 때 쓸모가 있다.

변화만이 변하지 않는다

변화에 변화로 대처하는 것만이 변하지 않는 법칙이다.

움직임 속의 고요

고요 속의 고요는 진짜 고요가 아니다. 움직임 속에 있는 고요만
이 우주의 리듬을 드러낸다.

호환성에 대하여

움직임은 서로 호환되면서 흐른다.

적응은 지성이다

지성은 때로는 환경에 성공적으로 적응하거나 환경을 자신의 필
요에 맞도록 조절하는 개인의 능력을 일컫는다.

때로는 굽혀야 살아남는다

모든 사람에게 공통된 문제와 관련된 중국의 지혜가 하나 있다. 바로 "참나무는 강하지만 강한 바람에 저항하다가 부러진다. 그러나 대나무는 바람에 휘기 때문에 살아남는다"라는 것이다.

푸줏간 주인의 우화

몇 년 동안 똑같은 칼을 사용한 푸줏간 주인이 있었다. 그 칼은 결코 예리한 날이 무뎌지는 법이 없었다. 오랫동안 사용했지만 그 칼은 여전히 새것처럼 날이 서 있었다. 사람들이 어떻게 칼날을 그렇게 잘 보존했는지 묻자 주인은 이렇게 대답했다. "나는 딱딱한 뼈의 결을 따릅니다. 굳이 자르려고 하지도 않고 부수려고 하지도 않으며, 어떤 식으로든 뼈와 다투려고 하지 않지요. 그렇게 하면 내 칼이 망가지니까요." 일상생활에서 장애물을 만나면 흐름을 따라야 한다. 그것을 공격하려 하면 도구만 망가뜨릴 뿐이다. 다른 사람들이 뭐라고 말하든, 우리가 만나는 장애물은 어느 한 개인이나 특별한 사람들만이 아니라 우리 모두가 마주하는 것이다.

물처럼 순응하라

물처럼 되어라. 물은 형태가 있으면서도 형태가 없다. 물은 지구 상에서 가장 부드러운 물질이지만 가장 단단한 바위도 뚫는다. 물은 스스로는 모양이 없지만 무엇인가에 담기면 그 모양을 취한다. 컵에 담기면 컵 모양이 되고, 꽃병에 담기면 꽃병 모양이 된다. 꽃의 줄기를 따라 굽이굽이 흐르기도 하고, 찻주전자에 부으면 찻주전자가 된다. 물의 적응력을 관찰해보라. (물에 젖은 행주를) 빠르게 쥐어짜면 빠르게 흐르고, 천천히 짜면 천천히 흐른다. 때로는 오르막길을 거꾸로 흐르는 것처럼 보이기도 하지만, 결국은 열린 길을 찾아 바다로 흐른다. 물은 때로는 빨리, 때로는 천천히 흐르지만 목적지는 언제나 변함이 없다.

13 ——— Philosophy

철학

철학을 공부하라

중심 주제, 스타일, 장점, 단점 등 인간에 관한 책은 전부 읽어라.

독서의 중요성

독서, 특히 전문 서적의 독서는 마음의 양식이다.

철학에 대하여

철학은 오랫동안 '지혜에 대한 사랑'으로 정의되었다. 철학의 목적은 논리적인 사고와 추론의 과정을 통해 사물을 연구하는 것이다. 철학은 '어떻게'에는 관심이 없고 '무엇'과 '왜'에 관심이 많다.

철학의 기쁨

나는 워싱턴 대학교에 들어가 철학에 눈뜨면서 이전의 모든 미숙한 가정assumptions을 후회했다. 내가 철학을 전공한 것은 어린 시절의 호전성과 밀접한 관련이 있다. 나는 종종 나 자신에게 이런 질문을 하곤 한다.

- 승리 다음에는 무엇이 오는가?
- 왜 사람들은 승리를 그렇게 소중하게 여기는가?
- '영광'이란 무엇인가?
- 어떤 '승리'가 '영광스러운' 것인가?

철학은 인간이 왜 사는지를 밝혀준다

선생님께서는 내 진로 선택을 도와주실 때, 너는 호기심이 많으니 철학을 전공하라고 조언해주셨다. 선생님께서는 이렇게 말씀하셨다.

철학은 인간이 왜 사는지를 네게 알려줄 거야.

서양 철학의 과정

철학은 사실상 거의 모든 주제에 관해 명확한 정보를 얻으려는 과정이다. 그런데 예컨대 플라톤 같은 철학자들은 윤리와 도덕의 영역을 중점적으로 강조했다. 특히 '선'과 '악'을 다루는 문제, 인간이 힘써 추구해야 하는 '이상적 삶'이란 무엇인가 하는 문제 등을 다룬다.

철학은 단지 무엇을 주장하는 데 그칠 수 있다

철학자 중에는 자신이 말하는 것과 다르게 행동하는 사람이 있다. 그런 사람은 자신이 주장하는 철학대로 살지 않는다. 그래서 철학이 단지 무엇을 주장하는 것에 불과해질 위험성이 더 커지고 있다.

삶 vs. 이론화

철학 자체가 '삶'이 아니고 이론적 지식에 관련된 활동이다 보니 대다수 철학자들은 대상을 삶 속에서 다루기보다는 그것에 대한 이론을 주장하며 사색하려고만 한다. 사물에 대해 사색한다는 것은, 사물과 우리 자신 사이의 거리를 유지하기로 작정하고 우리 자신을 사물 밖에 두는 것이다.

철학이라는 병

철학은 치유책인 양 자처하지만 그 자체가 병이다. 지혜로운 사람은 지혜를 추구하지 않고 자신의 삶을 살 뿐이다. 지혜는 바로 그의 삶 속에 있다.

철학은 종종 현실을 굳이 문제화하려고 애쓴다

우리는 삶에서 일반적으로 보고 느끼는 온전한 현실을 아무런 의심 없이 자연스럽게 받아들인다. 그러나 철학은 삶이 믿는 것을 그대로 받아들이지 않고 억지로 문제로 바꾸려고 애쓰면서 이렇게 질문한다. '내 앞에 보이는 이 의자는 정말로 존재하는가' '이 의자는 스스로 존재할 수 있는가?' 이런 질문을 통해, 삶에 따라 살아감으로써 삶을 살기 쉽게 만드는 대신, 고요한 세상을 동요하는 문제로 둔갑시켜 삶을 더 어렵게 만든다.

합리주의

합리주의는 직관주의直觀主義와 관련이 있다. 합리주의자들은 이성이 기본적 진리를 직관적으로 파악해, 합리적 절차나 논리적 증명을 통해 진리에서 또 다른 진리를 도출할 수 있다고 주장한다. 조금 덜 극단적인 형태로 말하면, 이성 및 이성적 증거는 감각 경험에서 불순물을 정제하거나, 감각 경험에 보편적인 필연 법칙을 부여하는 데 필요하다.

경험주의

경험주의는 지식에서 경험의 중요성을 강조한다. 최근의 경험주의자들은 경험적 접근 방법, 그리고 단순한 인식과는 대조적인 (이론적이고 수학적이고 개념적인 체계를 갖춘) 과학적 방법을 강조함으로써 지식 체계에서 이성에 비중을 더 크게 부여하는 경향이 있다. 그리고 과학의 특징, 즉 잠정적이며 가설에 따라 실험을 거치는 자가 교정의 특성을 강조한다.

실존주의에 대하여

실존주의는 개념을 타파하고 의식의 원칙, 즉 현상학을 연구하려
고 한다. 현대 실존주의 철학이 발전하지 못한 이유는 외부의 다
른 곳에서 지원을 받으려 했기 때문이다. 실존주의자들에게 물어
보면 자신들은 비개념적이라고 주장하지만, 다른 사람들에게 물
어보면 실존주의자들은 모두 개념을 다른 곳에서 빌려왔다고 말
한다. 마르틴 부버는 유대교에서, 폴 틸리히는 개신교에서, 장폴
사르트르는 사회주의에서, 마르틴 하이데거는 언어에서, 루트비
히 빈스방거는 정신분석학에서 개념을 빌려왔다는 것이다.

4 부

———

**성취에
대하여**

01 ——— Work

일

세상의 본질은 현실적이다

이 세상은 매우 현실적이다. 많이 일할수록 많이 벌고, 적게 일할수록 적은 보상을 받는다.

세상 모든 것은 다 쓸모가 있다

모든 것은 다 제 나름의 쓸모가 있다. 아무짝에도 쓸모없는 것은 없다.

많이 일할수록 더 많은 보상이 돌아온다

그것이 세상사다. 노력하는 게 많으면 나오는 것도 많은 법이다.

일하면 보상은 나오게 되어 있다

중요한 것은 내가 내 일에 만족하느냐이다. 쓸모없는 일이라면 후회만 남을 뿐이다.

일 자체보다는 일을 어떻게 하느냐가 중요하다

무슨 일을 하느냐가 중요한 게 아니라 그 일을 어떻게 하느냐가 중요하다.

일에는 적절한 보상이 따라야 한다

일에서 얻는 것이 없다면 아무도 열정적으로 일하지 않을 것이다. 일에는 적절한 보상이 뒤따라야 한다.

강렬한 열망이 재능과 기회를 만들어낸다

우리는 재능이 있어야 기회가 온다는 말을 듣곤 한다. 하지만 때로는 강렬한 열망이 기회와 재능을 만드는 경우도 있다.

멋진 삶을 사는 두 가지 방법

멋지게 사는 데에는 두 가지 방법이 있다. 하나는 열심히 일하는 것이고, 또 다른 하나는 상상력을 발휘하는 것이다(물론 이 경우에도 일은 필요하다). 믿지 않는 사람도 있겠지만, 나는 무엇을 하든 완벽하게 히려고 시간을 많이 쓴다.

그 사람이 하는 일에는 도덕적 덕목도 반영된다

사람이 지닌 도덕적 가치가 그 사람이 행하는 일에도 영향을 미친다. 마땅히 해야 하는 방식으로 일을 수행하는 사람은 행복한 사람이다.

일에서 행복을 찾아라

일에서 행복을 찾으려면 다음 세 가지가 필요하다.
· 그 일을 위해 존재해야 한다.
· 일을 너무 많이 해서도 안 된다.
· 그 일에서 성취감을 느껴야 한다.

일에서 원칙을 깨지 마라

나는 결코 내가 믿지 않는 일을 하면서 나 자신을 팔지 않는다.

약간은 남겨두는 편이 좋다

어떤 일에든 온 정신을 다 쏟지 마라. 약간은 남겨두어야 한다. "달걀을 한 바구니에 전부 담지 마라"라는 서양 속담이 있지만, 이는 물질적인 것에 대한 말이고, 나는 지금 정서적인 것, 지성적인 것, 정신적인 것에 대해 말하고 있다. 나는 내 삶에서 실천하는 행위로써 내 믿음을 보여줄 수 있다. 나는 배우로서 배워야 할 게 많은 사람이다. 지금도 계속 배우고 있다. 나는 배우라는 일에 나 자신의 많은 부분을 투자하고 있지만 전부를 투자하지는 않는다.

사무직 일에 대하여

나는 사무직이나 매일 하루에 여덟 시간씩 일해야 하는 직장을 원한 적이 없다. 내가 그런 일을 견딜 수 있다고 생각하지도 않는다. 나는 매일 똑같은 일을 하면서 사무실에 앉아 있는 유형의 사람이 아니다. 나는 창의적인 일이나 내게 흥미로운 일을 해야 하는 사람이다.

02 ——— Quality

자질

완벽에 대하여

나는 어떤 일을 하다가 만 적은 없다. 항상 완벽해야 한다.

어떤 일이든 올바로 하려면 진지한 열망이 있어야 한다

나는 일을 그르게 하는 법이 없다. 내가 나 자신을 좋아하는 이유
는 항상 인내심을 가지고 자질을 키우려 하고 어떤 일이든 올바
로 하려는 진지한 열망이 있어서이다.

214

보상은 행동에서 나오는 것이 아니라 행동 자체에 있다

나의 유일하고 확실한 보상은 내 행동 안에 있지 행동에서 나오지 않는다. 내게 진정한 보상은 내 행동의 깊은 곳, 즉 내 행동이 우러나오는 내 마음속 한가운데에 있다.

자질에는 상당히 큰 의미가 담겨 있다

내가 어렸을 때에도 '자질'이라는 말에는 큰 의미가 있었다. 나는 상당한 대가를 치르고 나서야 자질의 의미를 어느 정도 알게 됐고, 현재는 자질을 기르기 위해 진지하게 전념하면서 한 방향으로 나아가고 있다. 나는 '자질'이라는 것이 내가 목표로 하는 방향에 분명히 있을 거라고 확신한다.

의무보다 더 많이 행하라

의무를 제대로 수행하고 싶다면 그보다 좀 더 많이 행해야 한다.

전력을 다해 완벽을 목표로 삼아라

비록 달성할 수 없는 일이라 하더라도 모든 일에 완벽을 목표로 삼아라. 완벽을 목표로 삼아 인내하는 사람은 게으름과 낙담으로 목표를 달성할 수 없다며 포기하는 사람보다 목표에 훨씬 근접할 수 있을 것이다.

제품이 되어야 한다면, 최고의 제품이 되어라

장사를 하는 사람들은 종종 사람을 사람으로 보지 않고 제품, 즉 상품으로 본다. 그러나 당신은 한 인간으로서 기왕이면 사상 최고의 제품이 될 권리가 있으며, 장사하는 사람들이 당신에게 관심을 갖도록 열심히 꾸준하게 일해야 한다. 당신은 적어도 당신의 관점에서 당신을 가능한 한 최고의 제품으로 **만들** 개인적 의무가 있다. **가장 크게**, 또는 **가장 성공적으로** 만들라는 것이 아니라 **최고의 품질**을 만들라는 얘기다. 그런 일을 달성하면 다른 것도 함께 따라오게 마련이다.

자질은 최고의 가치다

솔직히 말해서 나는 **자질**이야말로 무엇보다 소중하다고 생각한다. 자질은 책임감과 최고가 되겠다는 장인 정신을 가지고 최선을 다하는 것이다. (What I honestly value more than anything else is *quality*: doing one's best in the manner of the responsibility and craftsmanship of a Number One.)

03 ——— Motivation

동기 부여

당신의 마음이 결과를 결정한다

사람은 누구나 어떤 일이든 일어날 거라고 마음속으로 생각하지
않는 한, 실제로 일어나지 않는다는 사실을 어릴 때부터 깨달아
야 한다. 중요한 것은 우리 삶에서 무슨 일이 일어나느냐가 아니
라, 일어나는 일에 우리가 어떻게 대응하느냐이다. 실패란 당신
의 마음이 그렇다고 인정하는 것에 불과하다.

고통은 대개 스스로 만들어낸 것이다

기쁨과 고통은 옳은 생각을 하느냐, 그른 생각을 하느냐에 따라
생겨난다. 특히 고통은 대개 스스로 만들어낸다. 우리는 우리가
생각하는 것만큼 그렇게 행복하지도 불행하지도 않다. 한 걸음
더 나아가, 도교에 따르면 고통과 기쁨은 같은 것이다!

패배는 마음 상태에 불과하다

패배는 마음 상태에 불과하다. 패배를 현실로 받아들이지 않는한, 누구에게도 패배란 없다.

패배는 일시적인 것일 뿐이다

나에게 패배란 일시적인 것일 뿐이다. 패배의 쓴 잔은 내가 목표를 이루기 위해 더 노력하게 하는 자극이 된다. 패배는 단지 내가 하는 일이 뭔가 틀렸다는 점을 말해줄 뿐이다. 패배는 결국 성공과 진리로 나를 이끌어주는 길이다.

에너지를 허비하지 마라

걱정과 부정적인 생각으로 에너지를 허비하지 마라. 모든 문제는 생겨났다가 때가 되면 사라진다.

낙담하면 패배한다

성공이나 실패는 실제로 일어나는 것이 아니라 사람의 마음속에서
그렇게 여기는 것일 뿐이다. 낙담하지 않는 한, 실패는 없다.

고통을 미리 생각하는 것이 문제다

고통 자체보다는 고통이 올 거라고 미리 생각하는 것이 마음을
더 괴롭힌다.

사람은 자신이 생각하는 대로 된다

당신이 **습관적으로 하는 생각**이 대체로 당신이 어떤 사람이 되는
지를 결정한다.

재앙과 불편의 차이를 구분할 줄 알아야 한다

단지 불편한 것, 즉 즐겁지 않은 것에 불과한 일은 재앙이 아니
다. 그 점을 깨달아야만 당신은 진가를 제대로 발휘하며 각성할
수 있다.

걸림돌과 디딤돌

당신은 장애물을 꿈을 이루기 위한 디딤돌로 바꿀 것인가, 아니면 부정적인 생각, 근심, 두려움이 당신도 모르게 당신을 지배하도록 내버려둠으로써 걸림돌로 만들 것인가?

변화는 마음속에서 밖으로 표출된다

우리는 우리의 조건이 아니라 태도를 바꾸는 것부터 시작해야 한다.

제자리에 머무르면 안 된다

중국의 잡화점에는 '아홉 번 넘어지면 열 번을 일어나라'와 같은 문구가 새겨진, 서양의 오뚜기 광대와 비슷한 오뚜기 개가 있다. 이 글의 교훈은 '낙담에 빠지지 마라'는 것이다.

항상 긍정을 선택하라

당신은 태도를 선택할 수 있다. 당신이 당신 태도의 주인이기 때문이다. 항상 **긍정적이고 건설적인** 태도를 선택하라. 낙관적인 생각이야말로 성공으로 가는 믿음이다.

마음이 부정적으로 생각하지 않도록 하라

마음이 어떤 일을 불가능하다고 여기면 당신은 그 일을 해낼 수 없다. 비관적인 생각이 성공을 위해 필요한 무기들을 무디게 만들기 때문이다.

04 ——— Goals

목표

목표는 삶에 의미를 부여해준다

어떤 목표를 달성하기 위해 적극적으로 노력하는 것이 당신의 삶에 의미를 부여해준다.

세 가지 질문

무엇을 추구하든 간에 추구하는 것에 대한 깨달음에 이르러야 한다. 나는 항상 나 자신이 무엇인가가 되기를 추구했는데, 스스로에게 이렇게 묻곤 했다. '네가 추구하는 것이 무엇인가?' '그것은 진리인가, 아닌가?' '너는 진심으로 그것을 원하는가?' 이 질문들의 답을 찾는 것만으로 족했다.

223

항상 목표를 달성해야 하는 것은 아니다

항상 목표를 달성해야 하는 것은 아니다. 때로는 우리가 달성하려는 목표 자체가 있다는 것만으로도 충분히 의미 있다.

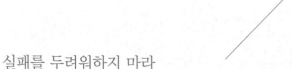

실패를 두려워하지 마라

나쁜 것은 실패가 아니라 목표를 낮게 잡는 것이다. 위대한 시도는 실패조차도 영광스럽다.

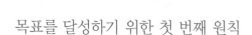

목표를 달성하기 위한 첫 번째 원칙

당신이 원하는 것이 무엇인지 깨닫도록 하라. 나는 내 생각이 옳다는 것을 안다. 따라서 결과가 어떻든 만족한다. 나는 목표 달성의 보상에 관해서는 일절 걱정하지 않지만, 목표를 달성하기 위해 최선을 다한다. 목표를 달성하기 위한 나의 노력이 보상과 성공의 척도일 뿐이다. 연못에 조약돌을 떨어뜨리면 물 위에 파문이 일어나면서 연못 전체로 퍼진다. 내가 내 생각에 확실한 행동 계획을 부여하는 것도 바로 이와 같은 이치다.

생각도 구체적인 사물이다

생각이 실제 물리적 형상으로 변화될 수 있다는 관점에서 보면, 생각도 구체적인 사물이다.

생각을 구체적인 목표에 결부시켜라

나는 요즘 "할 수 있다고 생각하면 진짜 할 수 있다"라는 옛말에 감사한다. 자신의 생각을 구체적인 목표, 불굴의 의지, 그 생각을 실현하겠다는 불같은 열망에 결부한다면 누구나 목표를 이룰 수 있다고 생각한다.

매일 전진하라

비록 조금씩이라 하더라도 목표를 향해 매일 나아가라.

미래만이 당신에게 행복을 가져다줄 수 있다

과거는 지나간 역사다. 미래만이 당신에게 행복을 가져다줄 수 있다. 그러니 미래를 준비해 자신만의 미래를 창출하라.

단숨에 목표를 달성할 수는 없다

목표를 향해 나아가는 것은 금고를 여는 것과 같다. 손잡이를 단한 번 돌려서 금고를 열 수 없듯이, 조금씩 전진과 후퇴를 반복하며 목표를 향해 한 걸음씩 다가가는 것이다.

목표 달성은 태도에 달려 있다

당신의 인생은 당신이 생각하는 것 이상이 될 수 없다. 현재의 당신은 당신이 어제 생각한 결과물이다.

언제나 목표에 집중하라

당신이 원하는 것에 언제나 마음을 집중하고, 원하지 않는 것에 마음을 두지 마라.

05 ——— Faith

믿음

믿음과 의구심

나는 믿음을 존중하지만 우리를 가르치는 것은 의구심이다.

믿음에 따라 행동하라

행함이 없는 믿음은 죽은 것이다.

실용적 믿음

행동으로 뒷받침된 믿음만이 실용적 믿음이다.

믿음의 힘

믿음이 투철한 생각은 모든 장애물을 극복한다.

자신을 믿어라

나는 무엇으로 사는가? 내가 성공할 능력이 있다는 믿음이다. 믿음은 사람이 마음속에 품고 있는 것을 달성하게 할 수 있다. 사람이 마음속으로 자신에게 반복해서 말하면, 그것이 참이든 거짓이든 믿게 된다는 점은 익히 알려진 사실이다. 거짓말도 계속 반복하면 그 거짓말을 진실로 받아들여 결국에는 진실이라고 믿는 식이다. 사람은 모름지기 자신이 마음속에 품은 두드러진 생각 때문에 현재의 모습을 하게 된다.

믿음은 마음의 상태다

믿음은 자기훈련을 통해 조절될 수 있는 마음의 상태다. 믿음은 훈련을 통해 키울 수 있다.

믿음 키우기

자기암시의 원칙을 통해 무의식에 확신과 반복 명령을 보냄으로써 믿음을 주입하거나 생기게 할 수 있다. 이것이 믿음의 감정을 자발적으로 키우는, 지금까지 알려진 유일한 방법이다.

믿는 이유

믿는 이유가 아주 초라해 보일 때조차 믿음을 조롱해서는 안 된다.

믿음이 있어야 영혼을 지탱한다

믿음은 영혼을 지탱한다. 우리의 목적은 이 영혼을 통해서 물리적 형상으로 변화한다.

성공

성공의 정의

성공이란 무엇인가를 진지하게 온 마음을 다하여 행하는 것이다.
그리고 성공하려면 다른 사람의 도움을 받아야 한다.

성공은 행운이 아니다

나는 순전한 행운을 믿지 않는다. 자신의 행운은 자신이 만들어야
한다. 당신 주위에 기회가 있음을 깨닫고 그것을 이용해야 한다.

성공은 준비가 기회를 만나 이루어지는 것이다

당신에게는 기회가 올 수도 있고 오지 않을 수도 있다. 행운 역시 올 수도 있고 오지 않을 수도 있다. 그러나 그런 것들이 당신에게 올 때—그것을 행운이라 부른다—당신은 그것에 준비가 되어 있어야 한다!

성공을 의식하는 것에 대하여

사람들은 아마도 내가 지나치게 성공을 의식한다고 말할 것이다. 사실은 그렇지 않다. 성공은 성공을 의식하는 사람에게 오는 법이다. 목표를 추구하지 않는다면, 어떻게 성공을 이룰 수 있다고 생각한단 말인가?

성공의 사다리를 올라간다는 환상

성공의 사다리를 높이 올라간다는 생각에 대해 말하자면, 나는 매우 황당한 생각이라고 본다. 그런 생각은 환상일 뿐이다. 가만히 앉아서 상상하는 것만으로는 성공에 도달할 수 없다. 오늘 성공했다 할지라도 나는 계속 나 자신을 찾기 위해 힘쓰겠지만, '더 높이' 올라갈 수 있다는 생각은 여전히 환상일 뿐이다.

성공의 대가

성공하고 싶다면 싸우는 방법, 노력하는 방법, 고통을 겪는 방법을 배워야 한다. 성공을 얻기 위해 많은 것을 포기할 준비가 되어 있다면 인생에서 많은 것을 얻을 것이다.

성공의 가장 큰 문제

성공의 가장 큰 문제는 개인 생활을 잃어버리는 것이다. 우리는 모두 부유하고 유명해지려고 노력하지만, 역설적이게도 그렇게 된다고 해서 모든 것이 장밋빛으로 물들지는 않는다.

성공은 단순함을 복잡하게 만든다

많은 사람들에게 '성공'이란 말이 낙원처럼 들리겠지만, 지금 성공의 한복판에 있는 나로서는, 성공은 단순함을 추구하는 나의 타고난 천성과 내 사생활을 더 복잡하게 만든 환경에 불과하다.

성공은 종착지가 아니다

성공은 종착지가 아니라 하나의 여정임을 기억하라. 당신의 능력
에 대한 믿음만 있다면 모든 것이 잘될 것이다.

영원한 성공

목표는 영원히 성공에 머무르는 것이다.

성공의 세 가지 열쇠

끈기, 끈기, 또 끈기다. 이 힘은 매일의 훈련, 즉 끊임없는 노력을
통해 만들어지고 유지될 수 있다.

07 ———— Money

돈

돈의 본질

돈 자체는 아무런 의미가 없다. 사람이 그 돈으로 무엇을 하느냐
가 중요하다.

돈은 수단이지 목적이 아니다

돈은 수단, 쓸모 있는 것, 하나의 도구에 불과하다는 사실을 아이
들에게 일찍부터 가르쳐야 한다. 모든 도구가 그렇듯이 특정 목
적을 가지고 있을 뿐, 그것으로 모든 것을 할 수는 없다. 우리는
돈을 어떻게 쓸지, 돈으로 무엇을 할지도 배워야 하지만, 그보나
는 돈으로 할 수 없는 일을 먼저 배워야 한다.

돈은 간접적인 문제다

돈은 간접적인 문제라는 게 내 소신이다. 직접적인 문제는 당신의 능력, 즉 당신이 어떤 중요한 일을 하느냐이다. 그 일을 이루면 간접적인 것은 저절로 따라오게 되어 있다.

이익의 공정한 배분

대다수 영화 제작자들은 내가 돈에만 관심 있다고 생각한다. 그래서 그들은 내게 거액을 약속하며 그들의 영화에 출연하도록 유혹한다. 그 외에는 아무것도 없다. 그러나 나는 단지 이익을 공정하게 나누기를 원할 뿐이다.

좋은 시절이 늘 오래가는 것은 아니다

나는 돈에 관한 한 아버지의 철학을 이어받았다. 아버지께서는 내게 이렇게 말씀하시곤 했다.

> 올해 10달러를 벌면 내년에는 5달러밖에 벌지 못할 거라고 생각해라. 그래야 만일의 사태를 대비할 수 있다.

돈에 대해 균형 잡힌 시각을 가져라

확실히 돈은 우리나 우리 가족이 원하는 것을 얻는 데 중요하다. 그러나 돈이 전부는 아니다.

일을 즐기는 것이 중요하다

한때 나는 돈, 명성, 화려한 밤 개막식 같은 간접적인 것들을 추구했다. 지금 나는 그런 것들을 다 가졌지만(적어도 가지기 시작했다), 이제는 그런 것들이 중요하지 않다. 나는 무슨 일이든 그 일을 **한다는 것** 자체가 더 중요하다는 것을 깨달았다. 나는 그렇게 하는 것이 재미있다. 돈은 다음 문제다.

08 ——— Fame

명성

스타덤이라는 환상에 대하여

'스타'라는 말은 환상이다. 사람을 망치는 말이다. 사람들이 스타라고 부를 때, 그저 하나의 게임이 시작되었다는 사실을 깨달아야 한다. 그런 입에 발린 말들을 믿거나 즐거워하고(우리 인간은 어느 정도는 대체로 그렇다), 한때 당신의 '팬'이라고 환호했던 그 사람들이 또 다른 스타가 나타나면 당신을 내팽개칠 수 있다는 사실을 망각한다면, 그 순간부터 당신은 행복하지 못할 것이다. (당신이 계속 스타로 환호 받기를 원할지 말지) 선택은 당신에게 달려 있다. 그것은 당신의 권리다(그것을 판단하는 데에는 스스로 몇 가지 질문을 할 필요가 있긴 하지만, 선택은 당신에게 달려 있고 당신은 선택할 권리가 있다).

뜨고 지는 것이 스타다

떴다가 지는 것이 스타다. 이것은 놀라운 일이 아니다. 그들 중
상당수는 자신을 진정으로 이해하지 못한 탓에 실패한 후에 좌절
감을 느낀다. 그들은 자신이 실제로 그럴 만한 이유가 있어서 성
공했는지, 운이 좋아서 성공했는지 스스로에게 물어봐야 한다.
냉정하게 자신을 다시 들여다볼 수 있다면 기분이 좀 나아질 것
이다. 그러나 내 경험에 따르면 대부분은 그렇지 못하다. 그들은
성공하면 눈이 흐려져 자신이 세상에서 최고의 스타라고 생각한
다. 그러다가 행운의 신이 떠나면 그제야 불행하다고 생각한다.

스타덤의 남용

스타는 많아도 진정한 배우는 적다. 박스 오피스의 인기라도 얻
으면 스타들은 엄청난 힘을 얻는다. 그러나 불행하게도 대부분은
그 힘을 남용한다.

성공에 눈멀지 마라

사람은 성공을 거두어 유명해지면 벌어지는 일들로 말미암아 눈이 멀기 쉽다. 당신이 긴 머리칼을 갖고 있다면 모든 사람이 당신에게 몰려들어 이렇게 말할 것이다. "와, 이게 **유행**이군요." 그러나 당신이 무명의 보통 사람이라면 "이런, 역겹고 유치해. 젖비린내 나는 꼴 좀 봐"라고 말할 것이다.

09 ——— Flattery

아첨

에고의 두 가지 병

에고에는 두 가지 병이 있다. 하나는 나귀를 탄 채 나귀를 찾는 것이고, 또 하나는 한번 타면 내릴 생각을 하지 않는다는 것이다.

지나친 자의식이 지닌 여섯 가지 병

자의식에는 다음 여섯 가지 병이 있다.
- 이기려는 욕심
- 교활한 기술에 의지하려는 욕심
- 배운 것을 과시하려는 욕심
- 상대를 위압하려는 욕심
- 소극적인 역할만 하려는 욕심
- 걸릴 것 같은 병은 무엇이든 없애려는 욕심

'예스맨'을 경계하라

내 말은 당신 앞에서 항상 **예, 예** 하는 사람들이 너무 많다는 것이다. 그래서 당시에는 인생이 그런 것이라는 사실을 제대로 이해하지 못했더라도 지금은 뭔가 속임수가 벌어지고 있음을 알아챘다면, 그래도 괜찮다. 그러면 됐다. 하지만 대다수 사람들은 그런 일이 너무 자주 반복되다 보니 거기에 눈이 어두워져 그만 그런 아첨의 말을 믿어버리고 만다.

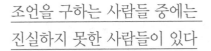

조언을 구하는 사람들 중에는
진실하지 못한 사람들이 있다

조언을 하거나 구할 때 우리의 태도는 무척 진지해진다. 그런데 조언을 구하는 사람은 친구의 의견을 존중하는 듯이 보이지만, 사실은 자신의 의견에 대해 친구의 동의만 얻으려 하고 결과에 대한 책임을 친구에게 떠넘기려 한다. 그리고 조언을 하는 사람도, 겉으로는 사심 없어 보이는 열성으로 자신 있는 듯이 보여주려 하지만, 결국은 조언을 함으로써 자신의 이익을 챙기거나 명성을 과시하려 할 뿐이다. 누군가 당신에게 조언을 구한다면, 대개 당신의 칭찬을 원하는 것이다.

5 부

———

예 술 과 예 술 가

예술

예술은 자신을 표현하는 것이다

예술은 자신을 진솔하게 표현하는 것이다. 표현 방법이 복잡하거나 제한적일수록 자신이 원래 지닌 자유로운 감각을 표현할 기회는 줄어든다.

예술과 무심의 인식

모든 분야의 예술가는 무심히 관찰하는 법, 관찰한 것을 완전히 소화해 자신의 작품에 표현하는 법을 배워야 한다.

예술은 느낌에서부터 시작된다

예술은 예술가의 경험이나 느낌에서 비롯되어야 한다.

예술과 감정

예술은 느낌을 소통하는 것이다.

자신의 생각을 버리고 작품과 온전히 하나가 되어야 한다

자신의 예술을 멋지게 표현할 수 있는 아이디어가 있다면, '멋진 예술가'가 되려는 생각을 버려야 한다. 그런 생각 자체가 표현하려는 모든 움직임을 멈추게 할 테니 말이다. 중요한 것은 그런 '생각'을 버리고 작품과 직접 하나가 되는 것이다.

예술에는 창의성과 자유가 필수다

예술은 절대 자유가 있는 곳에서 산다. 자유가 없는 곳에는 창의성도 있을 수 없기 때문이다. 예술은 경직된 에고가 아니다.

예술은 장식품이 아니다

예술은 결코 장식품이나 치장품이 아니다. 예술은 깨우침의 작업이다. 다른 말로 표현하면 예술은 자유를 획득하는 기술이다.

예술의 목적

예술의 목적은 내적 비전을 외부 세계로 비추는 것이다.

예술의 필수 요소

예술가가 되기 위한 필수 조건은 순수한 마음이다.

예술은 초월적인 것이다

예술은 삶의 표현이며, 시공을 초월한다.

예술은 영혼의 음악을 눈에 보이게 표현한 것이다

예술가의 모든 움직임 뒤에는 시각화된 영혼의 음악이 있다. 그렇지 않다면 그들의 움직임은 공허한 말과 같아서 아무 의미가 없다. 당신의 그런 감정이 작품 속에 흐르지 않는다면, 그런 그림은 죽은 움직임일 뿐이다.

예술에는 전심을 다한 행동이 요구된다

예술에는 오직 즉각적이고 정직하며 전심을 다한 행동만이 요구된다. 예술을 통해 자연, 혹은 이 세상에 새로운 형식이나 의미를 부여하는 건 바로 우리의 영혼이다.

예술은 초자연적 이해 방식이다

예술은 사물의 내적 본질을 초자연적 이해 방식으로 드러내며, 절대 본성인 **무**無와 인간의 관계에 형상을 부여한다. 예술을 창작한다는 것은 무에 뿌리를 두고 있는 개성을 초자연적으로 펼치는 것이다. 이로 말미암아 개인의 영혼은 더욱 깊어진다.

예술에 혼이 담겨야 발전할 수 있다

예술에는 기술의 완전한 숙달이 필수적이지만, 혼이 담겨야만 발전할 수 있다.

꾸밈없는 예술이 영혼의 예술이다

'꾸밈없는 예술'이란 예술가의 마음 안에서 일어나는 예술적 과정이며, '영혼의 예술'이라는 뜻이다. 도구가 만들어내는 일체의 다양한 움직임은 영혼의 절대적 심미 세계를 향해 한 걸음 나아가는 것이다.

예술적 기교는 인간의 영혼에서 나와야 한다

그러므로 예술적 기교가 예술의 완성도를 의미하지는 않는다. 기교는 매개체인 작품을 통해 초자연적 발전을 향해 몇 걸음 뗀 것에 불과하다. 진정한 예술적 완성도는 모양이나 형식이 아닌 인간 영혼에서 발산되는 것이라야 한다. 이와 같이 예술 활동은 예술 자체 내에 있는 것이 아니라 더 깊은 세계를 관통하는 것이다. 그런 세계에서 우리 마음속에서 경험한 모든 형태의 예술이 함께 모여 흐르며, 무의 세계에서 일어나는 영혼과 우주의 조화가 실제 결과물로 나타난다.

예술의 임무

예술의 임무는 심미적 창조 작업을 통해 인간이 지닌 가장 깊은 초자연적·개인적 경험을 표현함으로써 그런 경험이 이상적 세계라는 전체적인 틀 안에서 이해되고 인식되게 하는 것이다.

예술은 영혼을 반영한다

그런 예술이야말로 평화로운 영혼의 예술이다. 그것은 마치 깊은 호수에 비친 달빛과 같다.

예술가는 삶에서도 예술가여야 한다

궁극적 목표는 일상의 행동을 통해 삶의 달인이 되는 것이며, 삶 자체를 예술로 만드는 것이다. 예술의 달인은 먼저 삶의 달인이 되어야 한다. 영혼이 모든 것을 창조하기 때문이다.

예술은 결국 삶의 본질이다

예술은 절대 존재, 그리고 인간 삶의 본질로 향하는 길이다. 예술은 감수성을 지닌 창조적 행위이며, 결정적인 순수의 상태다.

예술은 자연의 완성된 형태다

예술은 자연의 완성된 형태이며, 예술가를 통해 생명을 얻는다. 예술가는 최고 수준의 기술을 구사함으로써 비로소 기술로부터 자유로워진다.

예술은 인간의 온갖 능력을 활짝 열어젖힌다

예술의 목적은 정신, 영혼, 감각을 일방적으로 표현하는 것이 아니다. 생각, 느낌, 의지 등 인간의 온갖 능력을 자연 세계의 생명 리듬을 향해 활짝 **열어놓는** 것이다. 그러면 들리지 않는 소리가 들릴 것이고, 스스로 그것과 완전한 조화를 이룰 수 있을 것이다.

예술은 즉각적으로 표현하는 것이다

눈으로 보고 즉시 그릴 수 있다면 얼마나 좋을까! 눈에서 팔을 통해 연필까지 움직이는 과정에서 얼마나 많은 것들을 잃어버리는지!

예술적 기교에 얽매이면 예술적 표현이 제한된다

예술은 자아의 표현이다. 표현 방법이 복잡하거나 제한적일수록 자신이 원래 지닌 자유로운 감각을 표현할 기회는 줄어든다. 기교는 초기 단계에서 중요한 역할을 하지만, 너무 복잡하거나 제한적이거나 기계적이어서는 안 된다. 기교에 얽매이다 보면 기교의 한계에서 벗어나지 못한다.

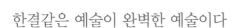

한결같은 예술이 완벽한 예술이다

완벽한 예술은 예술임을 드러내지 않는다. (The perfection of art is to conceal art.)

무성의하게 만든 예술은 가짜 예술이다

대부분의 가짜 예술은 무성의하게 만들었거나, 실제 경험이나 느낌에서 우러나지 않은 작품을 만들려고 시도한 것에 불과하다.

훌륭한 예술에 필요한 네 가지 기본 조건

올바른 예술이 되려면 다음 네 가지 형식을 충족해야 한다.
· 반복적인 모방보다는 개성이 있어야 한다.
· 무조건 큰 것보다는 간결한 것이 좋다.
· 모호하기보나는 분멍해야 한다.
· 복잡한 형식보다는 단순한 표현이 좋다.

예술에는 영혼이 온전히 담겨야 한다

하지만 단지 영혼만 온전히 담겨서는 충분치 않고 동시에 전문성
도 갖추어야 한다.

진정한 예술품은 홍보용 인쇄물이 아니다

나는 진정한 예술품은 홍보용 인쇄물이 아니라고 굳게 믿는다.
더구나 예술은 결코 장식품이나 치장품이 아니다. 그것은 끊임없
이 **성숙해가는** 과정이다(아직 완전히 성숙되지 **않았다는** 의미에서!).

예술은 개인적 자유를 획득하는 수단이다

결국 예술은 '개인적' 자유를 획득하는 수단이다. 당신의 길은 나의 길이 아니며, 나의 길도 당신의 길이 아니다.

예술가의 길

어디에서도 볼 수 없는 혹독한 훈련을 거치고, 자신이 무슨 일을 하고 있는지도 전혀 의식하지 않는 마음(진짜 말 그대로 그런 마음이 있다면)으로, 어디에서도 '자아'를 잃지 않아야만 비로소 예술은 완벽해진다.

진정한 예술가는 대중을 의식하지 않는다

진정한 예술가는 대중을 의식하지 않는다. 그는 순수한 기쁨을 위해 작업한다. 그 안에는 명랑함과 평상심이 있다. 예술은 자의식에서 벗어날 때 최고의 수준에 다다른다. 예술가가 자신이 표현하고 있는 것 또는 표현하고자 하는 것에 대한 관심조차 내려놓을 때, 비로소 자유가 찾아온다.

예술의 마지막 단계는 단순성이다

단순성이야말로 예술의 마지막 단계이자 자연의 시작이다.

예술이 머무는 곳

예술은 절대 자유가 있는 곳에서 산다. 절대 자유가 없는 곳에는 창의성도 있을 수 없기 때문이다.

예술의 핵심

예술의 핵심은 도를 연마하는 수단으로 예술을 활용하는 것이다.

헌신적인 예술가를 찾아서

무술 세계에서 수련자를 훈련시켜 정신적으로나 육체적으로 준비된 자로 만드는 일은 매우 어렵다. 그와 마찬가지로 예술계에서도 흔히 볼 수 없는 뛰어난 자질을 갖춘, 딱 맞는 헌신적인 예술가를 찾기란 극히 드문 일이다.

영화 제작

정말로 좋은 영화를 만들고 싶은 간절함

내가 간절히 바라는 것은 정말로 좋은 영화를 만드는 것이다. 그러나 안타깝게도 내 기대에 부응하는 현지 제작자가 그리 많지 않다. 사실 나는 진지하게 영화를 찍는 사람과 같이 앉아서 오래 이야기할 때 몹시 행복하다. 비록 제작으로까지 이어지지 않고 얘기하는 데 그칠지라도 아주 흡족하다.

영화 제작은 사업과 예술의 만남이다

할리우드에서나 홍콩에서나 영화가 사업과 예술의 만남이라는 점은, 불행하지만 냉정한 사실이다.

폭력을 미화하지 마라

나는 꼭 폭력이나 공격성을 영화의 주제로 삼아야 한다고 생각하지 않는다. 폭력을 미화하는 것은 나쁘다.

새로운 트렌드 시작하기

나는 미국에서 완전히 새로운 트렌드의 무술 영화를 만들려고 한다. 그런 영화가 총이나 쏴대는 서양 영화보다 더 흥미롭고 재미있다. 서양에서는 주로 총만 많이 나오지만, 우리는 온갖 것을 다루기 때문이다. 거기에는 인간의 몸으로 표현하는 것들도 포함된다.

감독은 창의적인 직업이다

나는 더 많은 영화를 감독하고 싶다. 내 생각에 감독 일은 매우 창의적이다. 원하는 대로 결과를 만들 수 있기 때문이다.

연기

자질을 갖춘 배우

그렇다면 자질을 갖춘 배우란 어떤 배우인가? 우선 그는 **영화 스타**가 아니다. '스타'란 사람들이 붙여준 추상적 단어이며 상징에 지나지 않는다. 안타깝게도 진정한 배우가 되려 하기보다는 '영화 스타'가 되고 싶어 하는 사람이 늘고 있다. 나에게 배우란 현재의 그 사람이 있게 한 모든 것의 총합, 즉 삶에 대한 높은 이해도, 선하고 적절한 취향, 고난과 행복을 모두 겪은 경험, 강렬한 열정, 교육적 배경 등등 오늘의 그를 만든 모든 것의 총체적 합이다.

배우는 유능한 실행자다

진부한 유형이 아닌 진정으로 훌륭한 배우는 현실에서도 '유능한 실행자'다. 이런 사람은 항상 준비된 자세를 갖추고 있을 뿐 아니라 사업과 예술이라는 무형의 이원성을 성공적이고 적절하게 통일된 모습으로 조화시킨다. 그저 그런 진부한 배우는 많지만, '유능한' 배우를 정신적으로나 육체적으로나 전심을 다해 훈련시키고 정착하게 만들기란 확실히 쉬운 일이 아니다. 세상에 똑같은 사람 두 명이 있을 수 없듯이 배우도 마찬가지다.

연기의 창의력은 제한적일 수밖에 없다

배우에게는 제한이 있을 수밖에 없다. 감독의 지시대로 따라야 하니까. 내 경우, 나의 현 지위는 배우지만 어느 정도는 제작에 영향을 미칠 수 있다. 그러나 그 정도로는 만족스럽지 않다. 영향을 미치려면 감독의 일에 간섭해야 하는데, 나는 다른 사람의 일에 간섭하기를 싫어하기 때문이다.

배우는 무엇보다 인간성을 갖추어야 한다

내 개인적으로는, 배우는 무엇보다 당신이나 나처럼 철저하게 인간적이어야 한다고 생각한다. 배우는 사람들이 붙여준 추상적 타이틀에 불과한 이른바 '스타'라는 화려한 상징적 존재가 결코 아니다.

배우는 헌신적 존재다

배우 생활을 20년 이상 경험해보니, 배우에 대해 다음과 같은 관점을 갖게 되었다. 배우란 정말 열심히 일하는 헌신적 존재라는 것이다. 그리고 배우를 육체적으로나 심리적으로나 정신적으로 관객을 사로잡을 만큼 자기표현을 할 수 있는 자질을 갖춘 예술가로 만들어주는 것은 그 배우의 이해력 수준이라는 것이다.

연기는 정직한 자기표현이다

또 한 가지 중요한 사실은 배우는 주어진 상황에서 항상 정직해야 하며 자신을 진실하게 표현해야 한다는 것이다. 배우의 과제는 독선적으로 행동하지 않고 항상 침착성을 잃지 않으면서 새로운 발견과 깊은 자기탐구를 통해 더 많이 배우는 것이다. 헌신, 절대적 헌신만이 남보다 앞서는 길이다.

모방이 아닌 창조

오늘날 제대로 훈련된 훌륭한 배우는 매우 드물다. 훌륭한 배우가 되려면 자기 자신에게 진실해야 한다. 요즘의 관객은 바보가 아니다. 배우는 자기가 표현하는 것을 다른 사람들이 믿게 하고 싶은 것만을 보여줘서는 안 된다. 그렇게 하는 건 모방이고 예시이지 창조가 아니다. 비록 그런 깊이 없는 표현도 뛰어난 전문성으로 '연기'될 수 있긴 하지만 말이다.

배우는 현재의 그 사람일 수 있게 한
모든 것의 총합이다

배우란 무엇인가? 그는 삶에 대한 높은 이해도, 장면이 요구하는 바에 따라 개인적 느낌을 진실하게 표현함으로써 관객을 사로잡는 능력 등 오늘의 그를 만든 모든 것의 총체적 합이 아닌가. 보통의 배우들 가운데에서도 그런 예술가를 찾을 수 있다. 미국인들은 그것을 '카리스마'라고 부른다. 결국 당신은 화면을 통해 배우의 이해도, 취향, 교육 배경, 강렬한 열정 등 그 배우의 총체적 면모를 보는 것이다.

연기 생활에서 겪는 개인적 좌절

나는 배우로서 완전히 다른 배역으로 발전하고 싶은데, 동남아시아에서는 그렇게 할 수 없다. 나는 이미 무술가라는 배역으로 고정된 배우이기 때문이다. 나는 좋은 배우가 될 것이라고 생각한다. 그러나 나는 머리가 희끗희끗한 중년 역할도 할 수 없다. 이곳(동남아시아)의 어느 제작자도 내게 그런 배역을 주지 않기 때문이다. 이곳의 영화에서는 나 자신을 완전히 표현할 수 없다. 관객들도 내가 나오는 장면의 절반 정도를 무술을 보이지 않고 대사만 한다면 용납하지 않을 것이다.

연기는 예술이다

나는 연기를 예술이라고 생각한다. 내가 무술 연습을 하는 것처럼 연기도 나 자신의 표현이기 때문이다. 다른 모든 직업과 마찬가지로 연기도 전심을 다하는 헌신이 요구된다. 거기에 '만일' '그리고' '그러나' 같은 말은 필요 없다.

사업과 재능

배우의 이해력 수준에 따라 다르지만, 오늘날의 영화 산업은 현
실적 사업 감각과 배우의 창조적 재능이 공존하는 곳이다. 이 두
가지는 서로 연관 관계가 있다. 사무실에서 계산만 따지는 사람
들에게 배우는 그저 돈, 돈을 벌어다 주는 상품에 불과하다. '영
화가 잘 팔리느냐 아니냐'가 그들의 주된 관심사일 뿐이다. 그들
에게 중요한 것은 박스 오피스 성적이다. 그들의 그런 태도는 한
편으로는 틀리고 한편으로는 맞다. 나는 그런 것들은 나중 일이
라고 생각한다. 영화가 비록 현실적인 사업 감각과 배우의 창조
적 재능의 만남이긴 하지만, 인간인 배우를 상품으로 생각하는
태도는 내겐 좀 화나는 일이다.

6부

개인의 자유에 대하여

01 ──── Conditioning

습관

개인에게 '당위적인 것'이란?

한 개인으로서 당신은 왜 수천 년 동안 이어져온 허위 주장을 따르는가? 이상, 원칙, '반드시 따라야 한다는 당위적 가르침'은 결국 위선에 이르고 만다.

'거듭나기'

마음속의 장벽을 내려놓고 없애버려라. 길들여진 마음은 절대 자유로운 마음이 아니다. 모든 경험을 지워 없애고 '새롭게 거듭나라.'

과거의 습관으로 마음을 더럽히지 마라

당신이 점점 더 많은 것을 알아갈수록 과거에 배운 것에서 나날이 멀어질 것이다. 이렇게 하면 마음을 이전의 습관으로 더럽히지 않고 항상 새롭게 할 수 있다.

심리적 장애물을 완전히 제거하라

타고난 본연의 활동성을 최대한 끌어올리려면 심리적 장애물을 모두 없애야 한다.

마음의 저항을 내려놓아라

당신은 외부 환경에 따라 흐름을 조절할 수 있는 유연한 독립체인가, 아니면 당신이 선택한 정형화된 패턴을 고집하며 저항하는가?

진실은 고정된 정형 안에 있지 않다

습관은 사람을 특정한 체계의 틀 안에 제한시킨다. 고정된 정형으로는 유연하게 적응할 수 없다. 진실은 고정된 정형 밖에 있다.

마음을 비워야 인생을 넓힐 수 있다

눈에 티가 덮여 있으면 세상이 좁게 보인다. 마음을 완전히 비우고 인생이 얼마나 확장되는지 보라.

매 순간을 새롭게 살아라

우리는 늘 같은 행동을 하며 틀에 박힌 채 살아간다. 그러면서 매일 같은 역할만 반복한다. **우리의 잠재력을 키우려면 매 순간을 새롭게 살아야 한다.**

습관을 버려야 한다

완전히 참신하고 새로운 것을 알고 싶다면 습관의 영향을 받지 말아야 하고 습관을 버려야 한다. 현실은 내가 지금 말하는 이 순간에도 변한다.

02 ——— Systems

체계

형식을 부여하면 발전을 가로막는다

형식은 발전의 장애물이다. 모든 학파의 창시자는 보통 사람보다는 더 독창적인 사람이었을 것이다. 그러나 그가 이룬 것이 같은 수준의 독창성을 지닌 제자에 의해 계속 이어지지 않는다면, 그 성취는 단지 형식에 머무르면서 막다른 골목에 갇히고 말 것이다. 결국 돌파구를 찾거나 발전하기가 거의 불가능해질 것이다.

무형식의 형식

비현실적인 것과 현실적인 것을 미리 규정해두지 않고, 비현실적인 것과 현실적인 것을 뒤바꾼 흔적조차 없는 사람은 무형식의 형식을 깨달은 사람이다. 형식에 집착하고 애착하는 마음이 남아 있다면, 그것은 진정한 길이 아니다. 기교가 저절로 나올 정도가 되는 것이야말로 어떤 방식도 선택하지 않은 무방식에서 생겨난 길이다.

부정만 해서는 안 된다

전통적인 접근 방법을 변화에 대한 반작용이라고 부정하지 마라. 또 다른 정형을 만들어 거기에 빠질 수 있다.

변덕스러웠던 사람을 회상하며

지조 없이 변덕스러운 사람을 추모하는 묘비에는 이런 글귀가 새겨질 것이다. '구조적 절망에 빠져 일그러진 사람.'

무지몽매한 후계자들이 진리를 무덤에 파묻을 수 있다

어느 스타일이나 방법의 창시자는 진리의 한 면을 어느 정도 다룬다. 하지만 시간이 지나면서, 특히 창시자가 죽고 난 후에는 그나마 그 진리의 한 면조차도 하나의 법칙이 되거나, 최악의 경우 '다른 분파'에 반대하는 편향된 믿음으로 변질된다. 창시자의 지식을 몇 세대에 걸쳐서도 변질되지 않고 그대로 이어가려면 다양한 반응이 논리적 순서에 따라 체계화되고 분류되고 표현되어야 한다. 그래야만 창시자의 개인적 통찰력으로 시작된 지식이 오늘날까지 흔들리지 않는 견고한 지식으로 보존되어 대중을 일깨우는 보편적 진리가 될 수 있다. 그렇게 해야 후계자들은 창시자의 지식, 창시자의 지혜를 영원히 간직할 수 있는 신성한 사당으로 만들 수 있다. 그러나 조직과 보존의 본질적 특성상 이 방법은 엄청나게 노력을 기울여야 할 만큼 힘든 일이어서 결국은 점차 잊히고, 후계자들은 이 '조직화된 지식'을 온전한 현실로 받아들이고 만다. 물론 '또 다른 분파가 주장하는 진리'에 대한 직접적 반응으로 '다른' 접근 방식이 우후죽순 생겨날 것이다. 그리고 이런 접근 방식들도 각기 다른 진리들을 배제하고 자신만이 '진리'라고 주장하면서 곧 거대한 조직으로 변질될 것이다.

믿음의 문제점

믿음은 그것을 가진 사람을 구속하고 때로 고립시키기도 한다. 믿음이란 이미 설정된 스타일이다. 믿음은 우리를 연쇄적으로 묶어 구속한다. 믿음은 새롭고 참신하며 아직 창조되지 않은 것들을 인정하지 않는다. 이는 곧 참신함, 새로움, 자발적 발견을 파괴하는 것을 의미한다.

체계적 방식은 진짜 감정을 차단한다

분노, 공포 같은 진짜 감정이 생겼을 때 사람들은 고전적인 방식으로 자신을 품위 있게 '표현'할 수 있을까? 아니면 그저 자신의 비명과 고함을 들으며 평상시처럼 기계적으로 행동할까?

정형화된 패턴의 노예

사람들은 불안해지거나 불확실해지는 것을 원하지 않기에 행동, 생각, 다른 사람과의 관계 등에서 정형화된 방식을 고집한다. 그러고는 그 패턴의 노예가 되어 진실을 표현하는 데에도 그 패턴을 사용한다.

체계적 방식은 지식의 길을 방해할 뿐이다

잘못된 관행이 시대를 관통하여 반복되면서 진리가 하나의 법칙 또는 믿음으로 변질되어 지식의 길을 방해한다. 본질적인 무지를 안고 있는 체계적 방식은 그 무지를 둘러싸고 악순환한다. 우리는 지식을 추구하는 것이 아니라 무지의 원인을 발견함으로써 그런 악순환을 깨야 한다.

교리는 진실을 보지 못하게 한다

우리가 편을 가르고 교리를 만들기 시작하면 사물을 유기적으로 볼 능력이 사라지고 나중엔 까마득히 잊히고 만다. 일단 그런 목표가 목전에 닥치면 진실에 이르는 길이나 관문은 아무 의미도 없고 소용도 없다.

전통의 본질

전통은 습관을 형성하는 마음의 메커니즘이다.

전통은 마음을 노예로 만든다

예부터 내려오는 고전적 방법과 전통이 마음을 노예로 만든다. 그렇게 되면 당신은 인격을 가진 한 개인이 아니라 단지 상품으로 전락하고 만다. 당신의 마음은 수없이 지나간 어제의 결과에 지나지 않는다.

개인이 체계보다 더 중요하다

가장 중요한 것은 체계가 아니라 개인이다. 인간이 방법을 만들어냈지 방법이 인간을 만들지 않았음을 기억하라. 다른 사람의 선입관에 당신을 억지로 맞추려 하지 마라. 그에게는 의심할 여지 없이 적당한 방법인지 몰라도 당신에게는 그렇지 않다.

진리는 정형화된 틀 밖에 있다

고정된 틀을 가지고는 유연하게 적용할 수 없다. 진실은 고정된 모든 정형 밖에 있다.

표현의 자유는 체계를 벗어날 때 생긴다

진정한 관찰은 우리에게 고정된 정형이 없을 때 가능하다. 표현의 자유도 체계에서 벗어날 때 나타난다. 정형화된 스타일은 우리가 어느 한 경향에 치우쳤을 때 나타나는 반응이다.

272

무방식을 '방식'으로 선택하는 것에 대하여

인간은 끊임없이 성장한다. 그러나 정해진 사고 패턴이나 무엇을 어떻게 해야 한다는 '방식'에 얽매이는 순간, 성장은 멈춰버리고 만다.

무엇을 어떻게 해야 한다는 기존 '방식'의 한계

무방식을 방식으로 채택하라. '방식'이 있다면 거기에는 이미 한계가 있는 것이다. 경계선이 있다면 갇혀 있는 것과 같다. 갇혀 있으면 썩게 마련이고, 썩은 것에는 생명이 깃들 수 없다.

한 가지 접근 방식에 국한되지 마라

다른 접근 방식이 많이 있다는 것을 아는가? 어느 한 가지 접근 방식에 국한되어서는 안 된다. 우리는 우리만의 방식으로 접근해야 한다. 우리는 항상 배우는 과정 속에 놓여 있기 때문이다. '스타일'이나 '체계'는 이미 결론이 나 있는, 기존의 굳은 방식이다. 이런 것들을 사용하지 마라. 당신은 성장하면서 매일 배워야 한다.

방법의 선택이 마음을 구속한다

방법을 선택하는 것은 엄밀히 말하면 하나의 패턴에 마음을 고정시키는 것이다. 그렇게 해서 선택된 방법에는 저항이 생겨나고, 저항이 생기면 이해를 할 수 없다. 어느 한 가지 방식으로만 훈련된 마음은 자유롭지 않다. 가치 있고 바람직한 기술이라 해도 마음이 거기에 사로잡혀 있으면 해로운 병일 뿐이다.

창조적 개인이 어떤 체계보다도 중요하다

살아 있는 생명체이자 창조적 개인은 기존의 어떤 스타일이나 체계보다 언제나 더 중요하다.

스타일은 끝이 있지만 인간은 계속 존재한다

우리는 항상 배우는 과정 속에 놓여 있지만, 스타일은 이미 결론이 나 있는, 기존의 굳은 방식이다. 이것을 사용하지 마라. 당신은 성장하면서 매일 배워야 한다.

고전적 방법을 따르는 사람은 전통의 노예다

고전적 방법을 따르는 사람은 틀에 박힌 생각과 이미 드러난 전통으로 가득 찬 사람이다. 그런 사람은 행동할 때마다 삶의 모든 순간을 옛날의 관점에서 해석한다.

조직화된 기관은 개념의 포로만 양산할 뿐이다

나는 이제 어떤 체계나 조직에는 관심이 없다. 조직화된 기관은 체계화된 개념으로 정형화된 포로만 양산할 뿐이다. 가르치는 사람들도 대개 틀에 박힌 일에 고정되어 있다. 물론 그보다 더 나쁜 것은, 구성원들을 미리 만들어진 생명력 없는 개념에 적응하게 함으로써 그들의 자연적 성장을 가로막는 것이다.

03 ──── Detachment

초연함

어떤 방해도 받지 않고 공허 속에 떠 있는 상태

당신이 성취한 지식이나 기술은 결국에는 '잊혀서' 아무 방해 없이 편안하게 공허 속에 떠다닐 수 있다.

사물을 있는 그대로 보기

초연함이란 사물을 있는 그대로 보는 것이며, 어디에도 집착하지 않는 것이다. 무의식이 된다는 것은 사물과 관련된 (경험적) 의식의 움직임조차 의식하지 않는 것이다. 생각이 어디에도, 어느 것에도 머물지 않을 때, 그때가 자유로운 상태다. 이처럼 어디에도 생각이 머물지 않는 것이 우리 삶의 근원이다.

모든 심리적 장애물을 제거하라

심리적 장애물을 제거하지 않으면 기술 지식을 완전히 통달할 수 없다. 그동안 습득한 모든 기술마저 버리고, 아무런 의식적 노력 없이 공허(자연스러운 흐름)의 상태로 마음을 유지해야 한다.

공허는 가두어둘 수 없다

형태가 없는 것을 해칠 수는 없다. 세상에서 가장 부드러운 것을 잡을 수 없듯이 공허를 가둘 수는 없다.

초연하다는 것은 긍정도 부정도 없는 것이다

'갈망하는 것'은 집착이다. '갈망하지 않기를 갈망하는 것'도 집착이다. 집착하지 않는다는 것은 긍정이나 부정 모두로부터 즉시 자유로워지는 것이다. 달리 말하면 동시에 '예'와 '아니오'가 될 수 있다. 지적인 관점에서는 말이 안 되겠지만.

초연함의 기술

포기하지 않는 것처럼 생각을 포기하라. 관찰하지 않는 것처럼 기술을 관찰하라.

문제로부터 자유로워지려면
문제에 정면으로 맞서야 한다

병이 나면 그 병과 사귀어라. 그 병과 친구가 되어라. 그것이 그 병을 없애는 길이다.

공허의 강점

세상에서 가장 부드러운 것은 잡을 수 없듯이, 무無는 가두어둘 수 없다.

집착은 성장을 방해한다

지금과 **그다음** 사이에 긴장이 있다. 사람들은 항상 같은 상태에 있으려고 집착한다. 그런 집착이 성장을 방해하는데도.

04 ──── No-mindedness(Wu-hsin)

무심

무심은 집착하지 않는 것이다

무심無心은 어떤 감정도 배제하는 빈 마음 상태를 가리키는 것이
아니다. 단지 무감각하고 조용한 마음을 가리키는 것도 아니다.
고요와 평온도 필요하지만 '무심'의 원리를 가장 잘 나타내는 말
은 '집착 없는 마음'이다. 마음이 어느 한 곳에 있다는 것은 마음
이 얼어 있다는 뜻이다. 마음이 필요한 대로 자유롭게 흐르지 못
하면 그것은 본질적으로 마음이라고 할 수 없다.

집착하지 않는 마음은 자유롭게 흐른다

집착하지 않는 마음은 어느 한 곳에 머물지 않는다. 그런 마음은
멈추는 법 없이 쉬지 않고 흐르며, 우리가 만든 한계나 구별 따위
는 완전히 무시한다. 마음이 어디에 있는지 찾으려 애쓰지 말고
우리 온몸을 채우도록 내버려두어라. 당신이라는 존재 전체를 자

유롭게 흐르도록 내버려두어라. 앨런 와츠Alan Watts가 말했듯이 '무심'은 "두 번째 마음, 즉 에고가 몽둥이를 들고 옆에서 지켜보고 있다는 것조차 전혀 의식하지 않으며, 마음이 자유롭고 편안하게 흐르는 완전한 상태"다. 이 말이 의미하는 바는, 자기 안의 또 다른 생각하는 존재인 에고의 간섭 없이, 마음이 원하는 대로 생각하도록 내버려두라는 것이다.

무심은 자연스러운 생각의 과정이다

마음이 원하는 대로 생각할 때에는, 마음이 흐르도록 내버려두기 때문에 생각에 어떠한 수고도 필요하지 않다. 마음이 그런 수고를 하지 않으면 또 다른 생각하는 존재인 에고도 사라진다. 애를 쓰면서 해야 할 일이 전혀 없다. 매 순간 떠오르는 것을 모두 수용하기 때문이다. 거부하는 마음까지도.

무심은 완성을 의미한다

'보지 않는 것'이나 '무심'은 포기가 아니라 완성을 의미한다. 보는 주체도 객체도 없이 보는 것이야말로 '순전하게 보는 것'이다.

무심은 방해받지 않는 느낌이다

'무심'은 어떤 감정이나 느낌도 없는 상태가 아니라, 느낌이 자신 안에서 무엇에도 집착하지 않고 방해도 받지 않는 상태를 말한다. 그것은 감정적 영향을 받지 않는 마음이다. "바로 이 강물처럼 모든 것이 끊어지지 않고 계속 흐르면서 고요하게 정지한 상태다." 우리가 사물을 볼 때 눈을 사용해 다양한 사물에 눈길을 던지지만 그것들을 보기 위해 어떤 특별한 노력을 하지 않듯이, 무심도 온 마음을 사용한다.

관세음보살의 비유

자비의 여신 관세음보살은 종종 천 개의 팔을 가진 존재로 묘사되는데, 각 팔은 각기 다른 도구를 들고 있다. 예를 들어 그의 마음이 창을 사용하고 싶다는 생각에만 머물러 있다면 나머지 999개 팔은 아무 쓸모가 없을 것이다. 그러나 그의 마음이 하나의 팔만 사용하는 데서 멈추지 않고 도구를 수시로 바꾸기 때문에 모든 팔을 움직여서 최대의 효율을 낼 수 있는 것이다. 따라서 그 그림은 궁극의 진리를 깨달으면 한 몸에 천 개의 팔이 달려 있어도 각각 어떻게든 활용 가치가 있음을 보여준다.

무심은 자신을 비우는 것

마음을 완전히 열고, 책임감을 갖고 늘 의식하며 살아 있는 상태를 유지하려면 내 마음 안팎에서 세상을 강요하고 지시하고 옥죄려는 욕심을 포기해야 한다. 이를 보통 '자신을 비우는 것'이라고 일컫는데, 이 말은 부정적인 의미가 아니라 마음을 열고 모든 것을 받아들이라는 뜻이다.

무심은 '평상심'의 흐름이다

이 '멈추지 않고' 흐르는 마음을 '빈 마음' 또는 '평상심'이라고도 한다. 마음에 무엇인가가 들어 있다는 것은 그것이 마음을 점령해 다른 생각이 들어설 여지가 없음을 의미한다. 그러나 마음속에 이미 자리 잡은 그 생각을 없애려고 하는 것은 마음에 또 다른 생각을 채우려 하는 데 불과하다. 그러면 어떻게 해야 한단 말인가! 아무것도 하지 마라! 해결하려고 하지 마라. 그러면 저절로 사라질 것이다. 굳이 안달할 이유가 없다. 그것이 평상심이다. 평상심은 전혀 특별한 게 아니다.

05 ——— Zen Buddhism

선불교

선에는 형이상학이 없다

선禪은 삶을 그저 있는 그대로 단순하게 살지 않고 형이상학적 그물에 옭아매려는 무의미한 시도에서 벗어나는 것을 추구한다.

선은 우리 삶에는 아무 문제도 없으며, 따라서 해결책도 없다는 사실을 일깨워준다

선은 이 세상을 벗어나서 인간이 갈 곳은 없음을 가르쳐준다. 근심을 풀어줄 주막이 있는 것도 아니며, 죗값을 치를 교도소도 없다. 따라서 선은 우리에게 문제가 무엇인지를 가르쳐주는 대신, 모든 고통은 단지 우리가 아무 문제도 없다는 사실을 깨닫지 못한 데에서 온다는 것을 가르친다. 물론 문제가 없으니 해결책도 없는 것은 당연하다.

찻잔의 비유

한 식자識者가 선사禪師를 찾아가 선이 무엇인지 물었다. 선사가
대답하려 하자 이 식자는 선사의 말을 번번이 가로채며 "오, 우리
도 그런 건 압니다"라고 말했다. 그러자 선사는 말을 멈추고 이
식자에게 차를 한 잔 따라주었다. 그런데 찻잔이 넘치는데도 계
속 차를 따르는 것이 아닌가. 식자가 "됐어요, 더는 들어갈 수 없
어요"라고 말하며 차를 따르지 못하게 막았다. 그러자 선사가 이
렇게 말했다. "그렇군. 하지만 자네가 먼저 자네의 잔을 비우지
않으면 어떻게 내 차를 맛볼 수 있겠나?"

불교는 힘들여 수고하며 믿는 것이 아니다

불교에는 힘들여 수고할 것이 하나도 없다. 그저 평범하며, 특별
할 게 전혀 없다. 음식을 먹고, 대소변을 보고, 피곤하면 가서 누
워라. 무지한 자는 나를 비웃겠지만, 현명한 자는 무슨 말인지 이
해할 것이다.

불교의 팔정도에 대하여

불교에는 여덟 가지 실천 덕목(팔정도八正道)이 있다. 거짓된 가치를 바로잡고 삶의 의미에 대한 참 지식을 실천함으로써 고통에서 벗어나게 해주는 길로, 요약하면 다음과 같다.

· 먼저 무엇이 잘못되었는지를 명확히 보는 것이다.
· 다음은 잘못된 것을 고치기로 결심하는 것이다.
· 행동해야 한다.
· 잘못된 것을 고치는 것을 목표라고 말한다.
· 생활이 치료법과 모순되어서는 안 된다.
· 치료법은 '꾸준한 속도'로 진행되어야 한다. 중요한 것은 속도가 계속 유지될 수 있도록 해야 한다는 것이다.
· 항상 그것을 생각하고 의식해야 한다.
· 마음속 깊이 숙고하는 법을 배워라.

또는

· 올바로 보는 것 또는 이해(정견定見).
· 올바른 목적 또는 열망(정사正思).
· 올바로 말하는 것(정언正言).
· 올바로 행동하는 것(정업正業).
· 올바른 생활 수단 또는 직업(정명正命).
· [올바른 노력](정근正勤).
· 올바른 인식 또는 마인드 컨트롤(정념正念).
· 올바른 집중 또는 명상(정정正定).

선에는 우상도 없다

선은 상상이 만들어낸 영적 상태를 '대상화'하여 숭배하는 노예 상태에서 마음을 자유롭게 한다. 그런 것들은 너무 쉽게 실체화되어 우상으로 변해 추종자들을 사로잡고 착각하게 만든다.

카르마(업보) 초월하기

카르마를 초월하는 것은 마음과 의지를 어떻게 적절하게 사용하느냐에 달려 있다.

선의 진면모

어떤 단언이 그 자체로 하나의 행동일 뿐 말해지는 어떤 것도 가리키지 않을 때, 오직 그때에만 그 단언은 선이 된다.

반야(지혜)란?

반야는 자기실현이 아니라 주체와 객체 너머에 있는 순전함과 단
순함에 대한 깨달음이다.

보살이란?

성인聖人의 경지에서 다시 평범한 인간 세계로 들어가는 것. 피안
의 세상을 이해해야만 비로소 이 세상으로 돌아와 살 수 있다.

06 ——— Meditation

명상

명상은 내향적인 것이 아니다

명상은 내향적인 기술이 아니다. 내향적인 기술은 물질이나 외부
세계를 배격하고, 생각이 산만해지는 것을 억제하고, 침묵 속에
앉아 마음을 비우는 이미지를 떠올리고, 자신의 영적 진수인 순
수에 집중하는 것이다. 그러나 선은 '내향적'이거나 '자기 안으로
침잠하는' 신비주의가 아니다. 선은 '명상 기술'을 습득하는 것도
아니다. 선의 통찰력이 정신의 정화 과정에서 얻을 수 있는 주관
적 체험이라고 생각하는 사람은 스스로 오류와 모순에 빠지고 만
다. 마치 '외부 세계를 배격하는 내향적인 것이 선'이라고 생각하
는 것은 '기와를 갈아 거울을 닦으려는 오류'*와 같다.

----

* 편집자 주: 중국 선종의 회양선사(677~744)와 마조선사(709~788) 사이에 있었
던 유명한 일화인 마전작경磨塼作鏡을 뜻한다. 선불교 역사에서 가장 유명한 화두 가
운데 하나다. 벽돌은 아무리 갈아도 벽돌일 뿐, 거울이 될 수 없는 것처럼 성불成佛
을 위해서는 엉뚱한 것을 붙잡을 게 아니라 제대로 갈피를 잡아 수행해야 한다는 뜻
이다.

내부를 향한 생각을 당장 멈춰라

지금 이 순간, 내부를 향한 생각을 당장 멈춰라. 마음이 내향적으로 생각하기를 멈추면 아주 평온해지고 명료해진다. 그때서야 비로소 '이것'을 진정으로 볼 수 있다.

명상은 깨우침이다

수단으로서 명상(디야나, 선)을 최종 목적인 깨우침(반야)과 구분하지 마라. 이 둘은 원래 분리될 수 없는 것이다. 선의 가르침은 우리의 모든 행동에서 반야와 디야나의 완전한 통합에 대한 깨달음을 추구하게 한다.

깨우침은 지식이다

깨우침과 이른바 지식에는 차이가 없다. 다만 지식에서는 아는 주체와 알려지는 대상이 구분되지만, 깨우침에는 그런 구분이 없을 뿐이다.

명상 끝에 도달하는 생각은 물리적인 것이 아니다

수행(또는 비수행)이 완성된 뒤 우리의 생각은 현상계에서 초연해진다. 우리는 여전히 현상계에 머물지만, 현상계에 연연하지 않는다.

참 명상은 당신을 현재로 이끈다

선은 '외부 세계를 배격하는 내향적인' 명상에 의해 '습득'되는 것이 아니라 지금 여기 존재하는 '현재의 삶'에서 실천하는 '무사무욕無邪無慾'에 의해 얻어진다. 우리는 어디서 '나타난' 게 아니라 지금 '존재'한다. 무엇이 되려고 애쓰지 말고 그저 존재하라.

명상은 동기가 필요 없다

확실히 단순한 마음은 아무 동기도 없이 작동하고, 생각하고, 느낀다. 동기가 있는 곳에는 반드시 길과 방법과 훈련 체계가 있게 마련이다. 동기는 목적을 위한 욕구에서 생겨나며, 그 목적을 달성하려면 거기로 가기 위한 길이나 방법이 있어야 한다. 그러나 명상은 그런 동기로부터 완전히 마음을 해방시킨다.

명상은 마음의 노력도 필요 없다

마음이 하는 모든 노력은 마음을 한층 더 제약한다. 그런 노력에
는 목표를 향한 투쟁이 내포되어 있기 때문이다. 목표를 마음에
품으면 이미 마음에 한계를 두는 것이다. 명상하려고 애쓰는 마
음도 마찬가지다.

명상은 집중하는 것이 아니다

명상은 결코 집중의 과정이 아니다. 생각의 최고 수준은 부정 사
유不正思惟, negative thinking이기 때문이다. 부정은 긍정의 반대가 아
니라, 긍정도 아니고 긍정하지 않는 것도 아닌 상태를 말한다. 그
것은 완전한 공허의 상태다.

명상은 마음이 동요하지 않는 것이다

명상을 하면 인간의 본성인 냉정함을 깨닫게 된다. 명상은 모든
현상으로부터 자유로운 것이며, 평온은 마음이 동요하지 않는 것
이다. 당신이 외부 사물로부터 자유롭고 동요하지 않으면 평온이
찾아올 것이다.

07 ———— On Being Centered

중심 잡기

핵심을 잡아라

우리는 소용돌이와 같다. 그 소용돌이의 중심은 움직이지 않는 영원한 한 점에 있다. 그러나 이 소용돌이는 한번 나타나면 회오리나 토네이도처럼 (진원지는 고요하지만) 중심점에서 주변부까지 움직이는 속도가 빨라진다. 여기서 그 중심점은 '실제로' 존재하지만, 소용돌이는 일종의 다차원적 역장力場에 있는 현상일 뿐이다. 그러니 핵심을 잡아라.

요지부동

요지부동은 산만한 행동으로 정신을 흩뜨리지 않고 바퀴의 축처럼 하나의 초점에 에너지를 집중하는 것이다.

움직임 속의 고요

나는 움직이는 동시에 전혀 움직이지 않는다. 나는 끊임없이 출렁이며 흔들리는 파도 속의 달과 같다. (I'm moving and not moving at all. I'm like the moon underneath the waves that ever go on rolling and rocking.)

자유

체계적인 방법이 있는 곳에 자유는 없다

체계적인 방법이 더 복잡해지고 표현을 제한할수록 원래의 자유 감각을 표현할 기회는 더 줄어든다.

자유는 미리 예상할 수 있는 것이 아니다

자유는 미리 예상할 수 없는 것이다. 자유를 실현하려면 예민한 마음, 깊은 곳까지 에너지가 미치는 마음, 직시할 수 있는 마음이 필요하다. 여기에는 점진적 과정, 즉 서서히 목적이 달성되어간 다는 생각도 없다. 사전에 형성된 생각 속에는 끊임없는 변화에 적응할 수 있는 유연성이 없다. 이 대목에서 사람들은 이렇게 묻 는다. "그렇다면 어떻게 해야 무한한 자유를 얻을 수 있나요?" 그 러나 나는 너에게 이 물음의 답을 줄 수 없다. 내가 여기에 대답 한다면 그 대답 또한 하나의 접근 방식이 되기 때문이다. 무엇이

294

답이 아닌지는 말해줄 수 있어도 무엇이 답인지는 말해줄 수 없다. 그러니 친구여, 스스로 답을 찾아야 한다. 자신을 도울 사람은 자신밖에 없다.

자유를 '얻는다는 것'

자유를 '얻을 수 있는 것'이라고 누가 말하던가? 자유는 언제나 우리와 함께 있었으며, 특정한 공식을 따른 끝에 얻어지는 것이 아니다. 우리는 무엇인가가 '되는 것'이 아니라 그저 '존재'한다.

자유롭다는 것에 대하여

자유롭다는 것은 외부로부터 제한을 받는다는 느낌이 없는 상태다. 자유롭지 못하다는 것은 외부로부터 제한받는다는 느낌 자체를 느끼지 못하는 상태다. 자유는 사람들마다 다른 방식으로 느낀다. 그러므로 자유는 정도의 문제다. 이런 경우에는 "우리는 얼마나 자유로운가?"라고 질문해야 한다.

자신을 자유롭게 하는 것에 대하여

자유로워지고 싶다면 자신이 평소에 어떻게 행동하는지 자세히 관찰해보라. 남을 비난하거나 남에게 동의하지 말고 그저 관찰하라.

자유롭게 표현하기

자신을 자유롭게 표현하려면 어제의 모든 것을 잊어야 한다. 당신이 고전적 방식을 따른다면 일상적인 전통도 이해하지 못할 뿐 아니라 당신 자신조차 이해하지 못할 것이다.

자유를 제한하는 것들

당신이 다음과 같은 것들로 둘러싸여 있으면 자유를 누릴 수 없다.

- 이기심
- 규율의 벽

자유와 감성의 관계

위대한 자유는 곧 위대한 감성이다.

이런 자유도 있다

스타일에 순응함으로써 오는 자유.

개인의 표현은 자유로워야 한다

표현은 자유로워야 한다. 우리를 자유롭게 만드는 이런 진리는 본질적으로 개인 자신이 삶에서 경험하는 만큼만 실현된다.

세 가지 열쇠

소박함, 솔직함, 자유.

자유는 과거를 모른다

자신을 자유롭게 표현하려면 어제의 모든 것을 잊어야 한다.

옳고 그름을 넘어

자유가 있을 때 옳거나 그름 같은 것은 없다.

자유와 지성

진정한 자유는 지성의 산물이다.

자유는 자각이다

자유는 매 순간 자신을 이해하는 데 있다.

7부

성장 과정

01 ——— Self-actualization

자아실현

독창성 없는 예술가(추종자)

가르치는 사람을 맹목적으로 따르는 독창성 없는 예술가는 그 사람의 패턴을 그대로 수용하기 때문에 행동이나 사고가 기계적으로 변해서 패턴에 따라 자동으로 반응한다. 따라서 그런 사람에게서는 발전이나 성장을 더는 볼 수 없다. 그런 사람은 기계적인 로봇에 불과해, 수천 년간 이어져온 주장과 습관에서 비롯된 작품만 만든다. 이런 예술가는 자신만의 표현을 익히지 못하고, 부여된 패턴만 충실하게 따를 뿐이다. 결국 독립적인 탐구보다는 의존성만 키운다.

'거울 인간'

거울 인간은 항상 자신이 다른 사람에게 어떻게 보이는지를 알고 싶어 하는 사람이다. 실제로 정당하게 비평하기보다는 비판적인 모습만 비추고, 비판받는다고 느끼며, 항상 관객을 의식한다.

사람은 혼자 있을 때 가장 심각한 불안을 느낀다

우리는 자신이 독창적으로 만든 것보다는 모방한 것을 더 신뢰하는 경향이 있다. 우리 안에 뿌리를 내린 것에서는 절대적 확신을 얻을 수 없다고 생각한다. 가장 심각한 불안은 혼자 있을 때 생긴다. 그러면서 남을 모방할 때는 혼자가 아니라고 생각한다.

성공한 사람을 찾아 그대로 따라 하려고 애쓰지 마라

주위를 둘러보면 언제나 무언가를 배우게 마련인데, 이는 **항상 남이 아닌 자기 자신이 되어야 한다는 것**을 의미한다. 자신을 표현하고, 자신을 믿어라. 성공한 사람을 찾아 그를 따라 하려고 하지 마라. 홍콩에서도 그런 일이 비일비재한 것 같다. 그런 사람들은 항상 매너리즘에 빠져 남 따라 하기를 좋아하면서 자기 존재의 뿌리가 되는, '**나는 어떻게 내가 될 수 있을까?**'라는 질문을 하지 않는다.

진실해야 한다

인생에서 진실하게 되는 것 말고 무엇을 더 요구할 수 있을까? 진실이 아닌, 소멸되어 사라질 상상의 이미지를 실현하는 데 에너지를 낭비하며 소모하지 말고, 자신의 잠재력을 펼쳐라. 미래의 우리 삶에는 헌신과 에너지를 필요로 하는 일이 너무나 많다.

자신의 사명을 수행하라

당신의 내면을 들여다봤을 때 올바로 살았다고 확신한다면, 두려워하고 걱정할 이유가 무엇인가? 공격적인 생각이나 경쟁심을 갖지 말고 살아가면서 자신의 사명을 잘 수행하기만 하면 된다.

우리 대다수는 우리 자신을
다른 사람이 마음대로 할 수 있는 도구로 여긴다

우리 대다수는 우리 자신을 다른 사람이 마음대로 할 수 있는 도구로 보는 성향이 두드러져서, 정작 우리 자신이 보인 모호한 성향이나 충동적으로 촉발된 행동에 책임을 지지 않으려 한다. 이런 변명을 강력하게 들이미는 사람들도 있고 다소 약하게 주장하는 사람들도 있는데, 약하게 주장하는 사람들은 그런 마음을 순종의 미덕으로 포장한다. 명령에 순종해야 했기에 그렇게 행동할 수밖에 없었다는 식이다. 강력하게 주장하는 사람들은, 자신들은 더 높은 권력, 즉 신, 역사, 운명, 국가, 인간성에 의해 선택된 도구라고 주장하면서 자신의 잘못을 인정하지 않는다.

자아실현은 최고의 경지다

자신 안에 자리 잡고 있는 내면의 중심에 도달하는 것이 인간이 도달할 수 있는 최고의 경지다.

더 좋아지도록 힘써라

항상 더 좋아지기 위해 노력해야 한다. 한계는 없다.

'길'을 찾아라

정신을 바짝 차린다는 것은 매우 진지하다는 뜻이며, 매우 진지하다는 것은 자신에게 충실하다는 뜻이다. 바로 그 진지함이 '길'을 발견하도록 이끈다.

내면의 빛에 대하여

무슨 일을 하든 내면의 빛이 당신을 어둠 속에서 벗어나도록 인도하게 해야 한다.

무지한 사람은 앞을 못 보는 맹인과 같다

자신이 어둠 속을 걷고 있다는 것을 모르는 사람은 결코 내면의 빛을 보지 못한다.

자기수양의 과정

자신을 수양하고 싶다면, 먼저 자신의 마음을 바로잡아야 한다. 자신의 마음을 바로잡고 싶다면, 진지하게 생각해야 한다. 진지하게 생각하고 싶다면, 지식을 최대한 확장시켜야 한다. 지식의 확장은 사물을 탐구함으로써 이루어진다.

자아실현의 성명서

지금 여기 있는 그대로가 나다.

자아실현 vs. 자아상 실현

그렇다. 자아실현과 자아상self-image 실현에는 차이가 있다. 대다수 사람들은 자신의 이미지를 위해 산다. 왜 어떤 사람은 자아라는 출발점이 있는데, 대다수 사람들은 그런 출발점이 없을까? 대체로 사람들은 자신을 이런저런 모습으로 비치게 하느라 너무 바쁜 나머지 인간으로서 끝없이 성장하는 잠재력을 실현하기보다 그저 그들이 어떤 사람이 되어야 하는지에 대한 **개념**을 실현하는데 삶을 바치고 있기 때문이다. 그런 사람들은, 자신의 잠재력을 확장하는 데 에너지를 집중한다거나 그런 통합된 에너지를 효율적인 의사소통을 위해 표현하거나 연결하지 않고, 허울 좋은 겉모습만 드러내 비추는 데 에너지를 온통 낭비하고 소모한다.

허울 좋은 모습을 유지하는 것은 헛되다

실제로 아주 색다른 것을 경험할 때, 겉으로 드러나는 방식으로 행동하면서 허울 좋은 모습을 유지하는 것은 헛되다. 진짜 자신이 되어야만 진정한 관계를 맺을 수 있고 자신을 수용해야 변화할 수 있다.

자아를 실현하는 사람이라야 진실한 사람이다

자아를 실현하는 사람이, 자아를 실현하는 또 다른 사람이 지나가는 것을 보면 이렇게 말할 수밖에 없을 것이다. "여기 진실한 사람이 있다!"

사람은 어떻게 현재의 그가 되는가

자아실현이 중요하다. 내가 사람들에게 개인적으로 강조하고 싶은 요지는, 자아상을 실현하려 하기보다는 자아실현 하기를 바란다는 것이다. 그들이 자기 안에서 정직한 자기표현을 찾을 수 있기를 바란다.

쓸모 있는 것은 받아들여라

자신의 경험을 연구하라. 그리하여 쓸모 있는 것은 받아들이고 쓸모없는 것은 버리면서 자신에게 중요한 것을 더하라.

진정한 개인주의는 자족이다

다른 사람의 평가가 내 삶의 기준이 되어선 안 된다. 자족하는 사람만이 홀로 설 수 있다. 대다수 사람들은 대중을 따라 모방한다.

자아실현은 자유와 순수를 추구한다

자신 안에 있는 생명력을 믿지 못하는 사람이나 생명력이 없는 사람은 돈과 같은 대용품을 통해 보상받으려 한다. 자신감을 가지고 오직 자유와 순수로 자신의 운명을 개척하고자 하는 사람은, 과대평가되고 값비싼 물건들은 그저 장식품에 불과하다고 여긴다. 그런 물건들을 소유하고 사용하면 즐겁겠지만, 꼭 필요하다고는 생각하지 않는다.

자아를 실현하기 위해서는 경청해야 한다

자신의 역할이 아닌 일을 하려 하거나 개념에 시간을 낭비하지 마라. 그 대신 자기 자신, 자신의 잠재력을 **실현하는 법**을 배워라. 여기서 중요한 것이 경청이다. 경청하는 것, 이해하는 것, 열린 마음을 갖는다는 것은 다 같은 말이다.

자아실현의 길이 가장 어렵다

우리는 우리의 재능을 깨닫거나(자아실현), 바쁘게 일하거나, 우리를 우리 자신이 아닌 다른 것(대의명분, 지도자, 단체, 소유물 등)으로 간주함으로써 자존감을 얻으려 한다. 그런데 이 세 가지 중 자아실현의 길이 가장 어렵다. 그래서 자존감을 얻을 수 있는 다른 길이 거의 막힐 때 비로소 자아실현의 길을 가게 된다.

자아실현은 깨달음이다

꿈에서 깨달음을 얻는 것을 사토리悟(순간적인 깨달음의 상태를 뜻하는 일본 불교 용어—옮긴이)라고 한다. 자각, 자아실현, 자신의 존재를 들여다보는 것, 이 말들은 다 같은 뜻이다.

신성한 여정은 홀로 가야 한다

사람은 누구나 스스로 깨달음을 추구해야 한다. 어떤 스승도 깨달음을 안겨줄 수는 없다.

자아상만 추구하면 의존적이게 된다

당신의 자아와 결별하고 계속해서 자아상(자신의 개념)을 추구한
다면, 당신은 의존적인 사람이 될 뿐만 아니라 공격의 표적이 될
것이다.

개념 놀이는 소중한 에너지를 낭비한다

개념 놀이에만 몰두하다 보면 부정적인 생각이 강해져서 진실을
못 보게 되며, 무엇보다 우리 자신의 계발을 위해 에너지를 창조
적으로 쓰지 못하고 많은 에너지를 낭비하게 된다.

항상 준비하고, 질문하고, 발견하라

당신에게 중요한 것은 항상 준비하고, 질문하고, 발견하는 것이
다. 그럼으로써 자신의 독창성을 일깨울 수 있다.

02 ——— Self-help

자조

가장 큰 도움은 스스로 돕는 것이다

성실하게 살아온 경험과 헌신적 배움을 통해, 나는 가장 큰 도움
은 스스로 돕는 것이라는 사실을 깨달았다. 스스로 돕는 것, 즉
최선을 다하고, 주어진 일에 온 마음을 다해 자신을 헌신하는 것
만한 도움은 없다. 스스로 돕는 것은 끝없이 진행되는 과정이다.

실수를 인정하라

실수는 자신이 인정할 용기만 있다면 언제든 용서받을 수 있다.

외부의 도움이란 없다

자신의 문제를 해결하기 위해 스스로에게 묻기보다 다른 사람에게 묻는 것이 문제다. 나는 당신에게 수만 가지 길을 알려줄 수 있지만, 그것들은 나의 길이지 당신의 길이 아니다. 한 개인의 문제는 오직 그 자신만이 답할 수 있다. 내 장황한 설명만 듣고 거기에 의지해서는 얻을 것이 전혀 없다.

고통의 치료약은 자신 안에 있다

내 고통의 치료약은 진작부터 나 자신 안에 있었지만 나는 그 약을 먹지 못했다. 나의 병은 내 안에서 나왔는데도 나는 지금 이 순간까지 그 사실을 알지 못했다. 그 약은 마치 등불과 같아서, 내가 연료가 되어 스스로를 태우지 않는 한, 결코 그 빛을 보지 못하리라는 것을 이제는 안다.

자조에는 여러 가지 형태가 있다

자조自助에는 여러 가지 형태가 있다. 무심의 관찰을 통한 일상의 발견, 언제나 혼신을 다해 최선을 다할 때 생기는 정직함, 불굴의 헌신, 인생은 **끊임없이 지속되는** 과정이라는 점에서 끝도 한계도 없음을 깨닫는 것 등.

자유로움의 열쇠는 자신 안에 있다

사람들은 자신을 제대로 보지 못한다. 무지, 게으름, 자신에 대한 집착, 두려움 등이 발목을 잡기 때문이다. '여름에는 땀 흘리고 겨울에는 추위에 떠는 것'처럼 우리가 이 세상의 일부라는 사실을 인정하면서 우리 자신을 그런 구속에서 해방시켜야 한다.

자립

자립이란 자신의 욕구와 능력을 발견하는 것.

자신을 정복하라

자신을 정복할 힘만 있다면, 인간은 위대한 일을 하기 위해 태어난 존재다. 진정한 자신을 보려면 자신의 권리를 명확히 인식해야 한다.

일을 완전히 마무리하지 않으면

일을 완전히 **마무리하지 않으면** 과거가 우리를 계속 따라다닐 것이다.

자신과의 싸움에서 이기는 것이 가장 큰 승리다

자기극복이야말로 가장 큰 승리다. 자신을 정복한 사람이 진정으로 강한 사람이다.

본성을 통제하려면 본성을 배워야 한다

자신을 통제하려면 먼저 본성과 어울리며 본성과 맞서지 말고 자신을 받아들여야 한다. 자기 자신에 대해 생각해보라. 위대한 사람이 되기 위한 길과 평범한 소인의 길은 다를 것이다. 천천히 걷는 사람의 길은 빨리 걷는 사람의 길과 다를 것이다. 사람은 누구나 자신의 약점과 강점을 알아야 한다.

03 ——— Self-knowledge
자기이해

너 자신을 알라

생각보다 시간이 없다! 너 자신을 알라!!

답은 내 안에 있다

엄격한 규칙이나 남다른 사고방식을 내세우기보다는 특별한 문제가 어디에 있는지, 무지의 원인이 무엇인지 우리 내면에서 찾아야 한다. 결국 모든 지식은 자신을 아는 것임을 알아야 한다. 스스로 진리를 찾아서 세부적인 것까지 직접 경험하라.

자신을 아는 것에는 관계가 포함되어 있다

자신을 안다는 것은 자신이 다른 사람과 어떻게 관련되어 행동

하는지를 연구하는 것이다. 관계는 자기표출의 과정이다. 관계는
자신을 발견하는 거울이다. 존재한다는 것은 서로 관계가 있다는
것이다.

자신을 알아야 자유로울 수 있다

깨우친 눈으로 당신의 인생을 바라보면 당신 자신에 대한 지식을
조금은 끌어올릴 수 있을 것이다(다시 말해 당신의 정신적 능력과
신체적 능력이 보다 명확해진다는 말이다). 자신 밖에 있는 지식은
피상적이고 깊이가 없다. 달리 말하자면 자기를 알 때 비로소 자
유로운 품격을 얻는다.

최악의 상태에 빠졌을 때

사람은 자신을 이해하지 못할 때가 최악의 상태다. 나는 1965년
에 처음으로 〈그린 호닛Green Hornet〉이라는 TV 연속극에 출연했
다. 어느 순간 주위를 둘러보니 사람들이 많이 있었다. 그런데 나
자신을 되돌아보니 나는 간 데 없고 로봇 하나가 있을 뿐이었다.
당시 나는 제정신이 아니었기에 그저 외형상의 안전에만 급급했
다. 무술 동작에서 내 팔을 어떻게 움직일 것인가 하는, 겉으로
보이는 기술에만 온통 신경을 썼다. 정작 내가 그런 최악의 상태

인 줄도 몰랐기 때문에, 그런 일이 내게 일어나면, 정말이지 그렇다면, 제정신이 아닌 나가 아니라 진정한 나, 브루스 리라면 어떻게 했을까 하고 묻거나 배우려고 하지도 않았다.

자신을 알기보다 남을 비판하기가 더 쉽다

다른 사람의 정신을 비판하고 폄하하기는 쉽지만 자신을 아는 것은 평생이 걸리는 일이다. 좋든 나쁘든 자신의 행동에 책임지는 것은 훌륭하다. 결국 모든 지식은 자신을 아는 것을 의미한다.

끊임없이 자신의 껍질을 벗겨내라

어찌 보면 내 인생은 자기반성, 즉 나 자신의 껍질을 매일 조금씩 스스로 벗겨내는 과정이다. 나를 스스로 탐구할수록 한 인간으로서 내 삶은 더 단순해진다. 나 자신에 대한 질문이 더 많이 쌓일수록 나는 나를 더 분명하게 본다. 자신을 탐구한다는 것은 이미 충분히 발전된 것을 더 발전시키는 문제가 아니라, 뒤처져 있던 것을 발견하는 문제다. 이것은 우리가 잘못 다루었을 때를 제외하고는 항상 우리 안에 있으며, 없어지거나 왜곡되지 않는다.

한번쯤은 질문해보자

오, 나는 우리 모두가 자신이 지혜로운 존재임을 인정한다는 것을 안다. 하지만 얼마나 많은 사람이, 우리가 배우는 능력과 감각을 습득한 이후부터 줄곧 되풀이되며 강요된 이 같은 명백한 사실과 진리에 대해 스스로 진지하게 탐구하거나 실험해봤는지 궁금하다.

진실하게 보는 법을 배워라

우리는 두 눈을 가지고 있으면서도 말이 지닌 진정한 의미를 제대로 보지 못한다. 우리 눈이 겉으로 드러난 다른 존재의 불가피한 결점을 보는 데 사용된다면, 우리는 그저 입버릇처럼 쉽게 남을 비난하는 데 급급해하는 거라고 말하고 싶다. 무심의 인식이라는 관점으로 진실하게 보면 새로운 발견을 하게 되고, 그런 발견이야말로 우리의 잠재력을 찾아내는 하나의 수단이 된다.

적개심이 있는지 찾아보라

다른 사람과의 의사소통에 어려움이 있다면, 당신 안에 적개심이 있는지 찾아보라. 죄의식을 느낄 때마다 당신이 무엇에 적개심을 품고 있는지 찾아서 그것을 표현하고 당신의 요구를 분명히 말하라.

자기를 아는 것은 자유를 향해 가는 길이다

자유는 매 순간 자신을 이해하는 데 있다.

내적 자아에 주의를 기울여라

쾌락을 추구하면 마음이 혼란스러워진다. 부富에 눈이 멀면 행동이 왜곡된다. 그래서 성인들은 겉으로 드러나는 모습이 아니라 내적 자아에 충실한 삶을 살았다.

자아와 지성

자아를 이해하는 것이 지성이다.

인식 vs. 로봇

인간은 같은 행동을 반복하는 로봇이 아니라 자각하는 존재다.

초월

나는 자아상을 실현하는 사람에서 자아실현 하는 사람으로 바뀌었다. 선전이나 조직화된 진리 등을 맹목적으로 따르지 않고 내 무지의 원인을 나 자신에게서 찾았다.

대중의 존경과 자존감

다른 사람들로부터 받는 존경과 자존감 중에 어느 것이 더 중요할까? 재물을 소중히 여기는 것과 자신을 소중히 여기는 것, 이중에 어느 것이 더 좋을까? 재물이 많은 것과 적은 것, 어느 쪽이 더 나쁠까? 가진 게 많을수록 잃을 것도 많은 법이다. 재물을 소중히 여길수록 자신은 소홀히 여기게 마련이다. 다른 사람의 존경에 의존할수록 자립심은 떨어진다.

자기 자신을 아는 사람이 진정한 고수다

진정한 고수는 어떤 특정한 무술을 초월한다. 침착함, 완전한 인식, 자신 및 주위 환경과의 완벽한 조화는 자신에 대한 완전한 이해, 즉 자기수양을 통해 계발된 능력에서 나온다. 그런 연후에야 비로소 자신을 알 수 있다.

자신을 아는 것은 삶의 과제다

살아 있는 동안 우리는 끊임없이 자신을 발견하고, 이해하고, 표현해야 한다. (While we are still alive, we have to discover ourselves, understand ourselves, and express ourselves.)

04 ——— Self-expression

자기표현

자기표현을 향해 나아가라

평범한 행동이나 정해진 패턴에 대한 반복 훈련의 수단이 아닌,
자기표현과 자아실현을 향해 나아가라.

자기표현의 중요성

자기표현이 중요하다. 자립심이 있을 때에만 홀로 설 수 있다. 대
다수 사람들은 군중을 따라 모방한다.

자신이 보는 그대로 표현하라

남을 곧이곧대로 따라 하지 말고, 내가 보는 중요한 것들을 놓치지 않고 전달하려 노력해야 한다.

자기표현을 제대로 해야 진정한 관계가 형성된다

불분명해서도 안 되고 복잡해서도 안 된다. 개방적이고 단순해야 한다. 자신이 진실하고 열려 있어야 진정한 관계에 이를 수 있다.

자기표현을 향하여

자기표현을 향해 나아가는 유일한 길은 전심을 다해, 즉시, 지체하지 않고 나아가는 것이다. 육체적으로나 정신적으로 분열되지 않아야 자신을 표현할 수 있다.

자기표현을 정직하게 하기는 어렵다

스스로에게 거짓되지 않고 자신을 정직하게 표현하는 것. 친구여, 그런 일은 실천하기가 매우 어렵다.

자기표현은 존재하는 것에 대한 반응이다

사람이 자신을 '표현'하지 못하면, 그건 자유롭지 않은 것이다. 사람이 힘든 상황을 겪으면 그런 상황에서 체계적인 반복이 싹트고, 머지않아 존재에 반응하기보다는 체계적인 반복 반응만 보이게 된다.

05 ——— On Growth

성장에 대하여

개인적 성장

성장이란 각 성장 시기에 따른 역할을 수행하면서 인격의 부족한 부분을 메워감으로써 한 사람을 전체적으로 완전하게 만들어가는 과정이다.

성장하려면 몰두해야 한다

성장하려면, 즉 자신을 발견하려면 좋은 일이든 실망스러운 일이든 우리가 매일 경험하는 것에 몰입해야 한다.

'지금'과 '어떻게'를 의식하라

항상 '지금'과 '어떻게'라는 단어를 사용하고 의식하면 당신은 성장할 것이다. 이것이 당신의 권리를 되찾아 다시 완전하게 회복할 수 있는 처방이다.

성장의 본질

성장이란 끊임없이 발견하고 이해하는 우리 삶의 과정이다.

배움에는 끝이 없다

나는 감히 내가 어느 경지에 도달했다고 말하지 않는다. 나는 아직도 배우고 있다. 배움은 끝이 없는 거니까.

발전의 필요성

당신이 가진 것을 지키려 애쓰지 마라. 그것은 강을 건너는 나룻배와 같다. 한번 강을 건너면 배를 등에 지고 갈 수 없다. 그러나 당신은 계속 앞으로 나아가야 한다.

발견과 이해는 곧 성장과 배움이다

날마다 새로운 것을 발견하고 이해하는 것이 성장과 배움의 과정이다. 나는 매일 성장하는 것이 기쁘다. 솔직히 나의 한계가 어디까지인지 모르겠다. 확실한 점은 매일매일 내가 습득해야 할 계시와 발견이 있다는 것이다.

매일 새로운 발견을 해야 한다

나는 매일 새로운 발견을 하면서 발전한다. 그렇지 못하다면, 이미 단단히 굳은 존재가 된 것이다. 그러면 모든 게 끝이다.

성숙함과 성숙해지는 것

우리 삶에서 완전히 '성숙함'이라는 단어는 있을 수 없다. 다만 성숙해지고 있을 뿐이다. '완전한 성숙함'이 있다면 결말이나 종식終熄이 있다는 것이다. 이는 곧 '끝'을 의미하는데, 바로 관棺 뚜껑이 닫히는 순간만이 그러하다.

성숙해지는 것에 대하여

성숙해지는 것은 삶에 책임을 지고 홀로 선다는 것을 뜻한다. **성숙해지는 것**은 외부 환경의 지원을 초월하고 자립하는 것이다.

성장은 끊임없이 계속된다

인간은 끊임없이 성장한다. 그러나 생각이 정해진 사고 패턴이나 '한 가지 방식'에 사로잡히면 성장이 멈춰버린다.

나이와 발견의 관계

나이를 먹을수록 육체적 능력은 떨어지지만, 매일매일 새로운 것을 발견하는 능력은 변하지 않는다. 나이를 먹으면 육체적으로 더 좋아지지는 않는다. 그러나 더 현명해진다.

이해한다는 것은 연결된다는 뜻이다

우리가 더 많이 이해할수록 우리를 둘러싼 모든 것과의 접촉이 더 넓어지고 깊어진다.

성장의 목적

성장의 목적은 '마음'에서 더 많은 것을 버리는 것이며 정신을 더 일깨우는 것이다. 상상이나 편견에 사로잡히지 않고 당신 자신 그리고 세상과 더 많이 접촉하는 것이다.

좌절도 성장의 수단이 된다

우리는 좌절에도 능숙하게 대처함으로써 계속 성장해야 한다. 그렇지 않으면 세상과 맞설 자신만의 방법과 길을 발전시킬 자극을 얻지 못한다.

비교, 대조도 성장의 수단이다

늘 새로운 것과 비교, 대조하는 것도 성장의 수단이 될 수 있다.

실수도 교훈이 된다

나는 실수에서 교훈을 얻으면서 성장했다.

단순함

심오한 단순함은 곧 상식이다

상식의 심오한 단순함이야말로 가장 올곧고 논리적인 길이다.

진정한 세련됨은 단순함을 추구한다

고도의 수양은 단순함을 추구한다. 화려한 장식을 추구하는 것은
설익은 수양이다.

어리석은 자의 길

어리석은 자는 기본적인 규칙도 정하지 못하고, 모든 것을 생기
는 대로 다 가지려고 한다. 단순함이 진짜 세련된 것이라는 사실
을 모른다.

단순함은 심오한 수양을 통해 얻어진다

단순함은 심오한 수양이 낳은 자연스러운 결과다. 단순한 것을 단순하게 보고 표현하는 능력이야말로 천재라는 징표다. 진짜 위대한 선사들은 최소한의 말과 노력으로 최상의 진리를 말한다.

단순함은 불필요한 것들을 다 쳐낸다

단순함은 매일 늘어나는 것이 아니라 매일 줄어드는 것이다. 불필요한 것들을 다 쳐내기 때문이다! 근원에 가까워질수록 버릴 것이 적어진다.

절반만 말해도 감동을 준다

거짓 교사일수록 인생의 길에 대해 말을 많이 한다.

단순함은 어려운 것이다

단순함의 의미를 제대로 전달하는 것은 정말 어려운 일이다.

단순함은 마음의 상태를 나타낸다

단순함은 모순도 없고 비교도 없는 마음 상태를 나타낸다. 그것
은 어떤 문제에 어떻게 접근하느냐 하는 지각의 수준을 나타낸
다. 마음이 고정된 생각이나 믿음, 또는 특정한 형태의 생각을 가
지고 어떤 문제에 접근하면 결코 단순해질 수 없다.

단순함은 자연스러운 길이다

자연스러운 길은 물의 길에 비유할 수 있다. 여성과 어린이는 약
한 길을 걷는다. 이것은 약함을 찬미하는 것처럼 보이지만, 진정
으로 강조하려는 바는 '단순함'이다.

01 ——— Yin-yang

음양

음양에 대하여

음陰과 양陽은 온전한 하나에서 서로 맞물려 있는 두 부분으로, 각각 자신의 범위 내에서 상호 보완적인 속성을 지니고 있다. 어원적으로 음과 양의 두 특성에는 어둠과 빛이라는 뜻이 있다.

양의 어원

양(순백)의 원리는 긍정, 단단함, 남성성, 실재하는 것, 밝음, 낮, 따뜻함 등을 나타낸다.

음의 어원

음(암흑)의 원리는 부정, 부드러움, 여성성, 실재하지 않는 것, 어둠, 밤, 차가움 등을 나타낸다.

음양의 기본 이론

음양의 기본 이론은 '변하지 않고 영원한 것은 아무것도 없다'는 것이다. 즉, 행동(양)이 극단에 이르면 비활동inactivity이 되고 비활동은 음을 구성한다. 마찬가지로 극단적인 비활동은 다시 활동이 되어 양을 구성한다. 결국 활동은 비활동의 원인이며 비활동은 활동의 원인이 되는, 이런 상보적 증감 원리로 이루어진 체제가 지속된다. 따라서 이 두 힘(음·양)은 서로 부딪치는 것처럼 보이기도 하지만 현실에서는 상호 의존적임을 알 수 있다. 반대되는 게 아니라 서로 번갈아 가며 협력하는 관계라는 말이다.

음양은 이원론적으로 구분될 수 없다

서방 세계의 가장 큰 오류는 음과 양이라는 이 두 힘을 이원론적으로 구분하려는 것이다. 즉, 양은 음의 반대이며, 음은 양의 반대라고 생각하는 것이다. 그들은 기껏해야 두 힘을 원인과 결과로 보려 하지만, 이 두 힘은 소리와 메아리, 빛과 그림자처럼 짝을 이루는 것이 아니다.

'음과 양'이 아니라 음양이다

음-양을 말할 때 '과'라는 말을 써서는 안 된다. 음-양은 둘이 될 수 없고, 서로 연결된 한 과정의 두 기둥이기 때문이다. 자전거의 페달을 밟을 때처럼, 계속 밀기만 하거나 계속 당기기만 할 수는 없다. 두 다리가 함께 움직이지 않으면 어디에도 갈 수 없다. 어느 쪽도 생략될 수 없고 서로에게서 분리될 수 없다. 왜 이런 식으로 생각해야 하느냐고? 음-양을 분리하는 것은 마치 코끼리를 잡아끌어서 움직이게 하려는 것처럼 부자연스러운 일이기 때문이다. 우리는 자전거 페달을 위아래로 밟는 것처럼 자연스러운 과정을 따라야 한다. 페달을 그저 밀기만 한다거나 당기기만 한다면 어디로도 갈 수 없다. 그러면 아름다운 야외 경치도 즐길 수 없지 않겠는가.

음양에 내재된 균형에 대하여

음양의 기호에는 검은 부분에 흰 점이 있고, 하얀 부분에 검은 점이 있다. 이 기호들은 삶의 균형을 나타낸다. 순전한 음(오직 수동)이나 순전한 양(오직 능동), 즉 어느 한 극단으로 가면 아무것도 오랫동안 살아남을 수 없기 때문이다. 대나무나 버드나무는 바람이 불면 구부러지면서 제 몸을 유지하지만, 가장 뻣뻣한 나무가 가장 쉽게 부러진다는 점을 주목하라. 극단의 더위나 극단의 추위는 생명을 앗아간다. 그러나 그런 맹렬한 극단은 오래 지속될 수 없다. 하지만 진지한 온건은 오래간다. 그러므로 긍정(양)이 부정(음) 속에 숨겨져야 하며 그 반대도 마찬가지다.

음은 양과 완벽한 보완 관계다

음(수용)은 양(능동)과 완벽한 보완 관계다. 보완은 반대되는 것이 아니다. 수용은 능동(양)과 싸우는 것이 아니라 능동을 완성시키는 것이기 때문이다. 수용은 능동에 의해 활성화되고 이끌린다. 만일 수용이 제자리를 포기하고 능동과 나란히 대등하게 서려고 하면 그때는 악이 된다. 각각은 서로에게 원인이자 결과다. 그 결과가 능동에 대립하고 능동과 다투면 악이 되는 것이다. 사물을 낳는 것은 능동이지만 수용이 있어야 잉태될 수 있다. 수용은 자신을 능동의 수준에 맞춰서 그것을 자신의 것으로 만든다. 그러므로 수용은 그 자체로서 특별한 목적을 가질 필요도 없고 그러기 위한 어떠한 노력도 하지 않는다. 그러나 모든 것은 원리대로 일어나게 되어 있다. 음은 움직일 때는 열리고 쉴 때는 닫힌다. 부드럽지만 굴복하지 않고, 단호하지만 굳어 있지 않다.

선과 음양

선불교는 여성성과 부드러움을 나타내는 음과, 남성성과 강함을 나타내는 양의 균형에 대한 중국인의 믿음에서 많은 개념을 빌려왔다. 그런 개념들을 기본으로 해서 다른 개념들이 추가되었나. 순진한 음이나 순전한 양 같은 개념은 원래 중국인에게는 없던 개념이다. 부드러움은 강함을 가리고, 강함은 부드러움으로 순화된다.

음양 그리고 선과 악의 관계

선과 악, 기쁨과 고통은 상대 개념 덕분에 존재한다. 이것들은 서로 반대되는 개념이 아니라 상호 보완적인 개념이며, 각각은 서로를 위해 나름의 역할을 한다. 내가 고통을 느낄 수 없다면 어떻게 기쁨을 구분할 수 있겠는가? 그 반대도 마찬가지다. 밤하늘을 보면 큰 별이 있기에 작은 별을 구분할 수 있다. 또 하늘이 그렇게 어둡지 않다면 별도 볼 수 없을 것이다. 선과 악도 서로 다투는 문제가 아니라 물 위의 파도와 같은 흐름의 문제다.

음양의 길

도약하려면 먼저 움츠려야 한다. 강해지려면 먼저 약해져야 한다. 무엇을 가지려면 먼저 주어야 한다. 이 세상의 모든 것은 존재와 비존재(음과 양)가 번갈아 나타난다.

음양과 동서양 문화의 관계

그 무엇도 모든 면에서 전부 뛰어날 수는 없다. 서양의 교육이 어떤 면에서는 뛰어나지만, 또 다른 면에서는 동양의 교육이 뛰어나다. "이 손가락은 이런 용도에 더 좋고 저 손가락은 저런 용도에 더 좋다"라는 말을 하지만, 손 전체가 모든 용도에 더 좋다. 동양 문화에도 좋은 점이 있고, 서양 문화에도 좋은 점이 있다. 동양 문화와 서양 문화는 서로 배타적이지 않고 상호 의존적이다. 상대방의 존재가 없다면, 어느 것도 좋다고 말할 수 없다.

음양과 남녀의 관계

여성도 수동적으로 따르기만 해서는 안 된다. 따르는 데에도 능동적인 방법이 있음을 배워야 한다. 여성도 동양에서 '줏대'라고 부르는 것을 갖춰야 한다. 같은 이유로, 남성도 전적으로 강할 필요는 없다. 남성의 의지도 연민으로써 부드러워질 수 있다.

음양은 전체성을 상징한다

실제로 사물은 그 자체로 전체이지 둘로 나뉠 수 없다. 내가 "열이 나서 땀이 난다"라고 말할 경우, 열과 땀은 동시에 존재하는 하나의 과정이지, 이중에 어느 하나 없이는 다른 것도 존재할 수 없다. 객체에는 주체가 필요한 것처럼, 어느 한 당사자가 독립적인 자리를 차지하는 것이 아니라 보조자로서 행동하는 것이다. 모든 사물은 자체의 보완적 요소들을 지니며 그 요소들은 서로 공존한다. 상호 배타적이지 않고 상호 의존적이며, 각각은 서로에게 작용한다. 어느 한쪽만으로는 생존할 수 없으며, 상대와 보완적인 상호 작용을 하면서 존재한다. 음과 양은 서로 도우며 조화로운 관계를 유지하는 이원성을 지니고 있다.

음양과 극단적 추세

극단으로 치달으면 그 무엇도 안전할 수 없다. 예를 들어 요즘 많은 소년들의 머리 스타일을 보면 머리를 깎은 게 아니라 변장술을 쓴 것 같다. 유행은 오래가지 못한다. 너무 극단적이어서 하고 다니는 사람이나 보는 사람이나 곧 싫증이 나기 때문이다. 아마도 보는 사람이 더 빨리 싫증을 내겠지만, 어쨌든 싫증이 모든 사람에게 퍼진다. 이른바 제트족(제트기로 각지를 돌아다니는 상류층—옮긴이)조차도 극단에 치우치면 지루해질 것이다.

음양과 수다쟁이들

말이 많은 사람일수록 에너지가 더 빨리 고갈될 것이다.

02 ——— Totality

전체성

부분적인 것에 집착하지 마라

부분적인 것에 집착하지 말고 전체적인 측면에서 사물을 보라.

전체를 보면 창조적 에너지를 받을 수 있다

단지 한 부분이 아니라 전체로부터 우러나오는 창조적 흐름(근본
적 창조 에너지)을 타고 '즐기면서도 진지하게' 움직여라.

전체성과 깨우침

깨우침을 얻는다는 것은 '진정한 지식', 즉 '진정한 삶'을 모호하게 만드는 요소를 완전히 없애버리는 것을 뜻한다. 그와 동시에 '무한한 확장'을 뜻하기도 한다. 또 '전체에 흡수되는 어느 특정한 부분'을 키우는 게 아니라, '그 특정한 부분에 직접 들어가 그것들을 통합하는 전체성'을 강조한다.

전체에서 일부만 효과적일 수는 없다

전체에서 일부만 효과적인 그런 사물은 없다. 부분적이며 단편적인 패턴만으로 어떻게 전체에 대한 답을 말할 수 있단 말인가? 큰 것 안에는 그보다 더 작은 것이 있을 수 있지만, 작은 것 안에 그보다 더 큰 것이 있을 수는 없다.

전체성을 통해서만 자유에 도달할 수 있다

유연함이 있어야 호환이 가능하다. 자기를 알아야 의식할 수 있다. 전체를 통해야만 비로소 궁극적 자유에 도달할 수 있다.

호불호를 넘어서라

좋아한다거나 좋아하지 않는다는 선입견 없이 사물을 단순하게
보라. 그러면 부분이 아니라 전체가 보일 것이다.

한 가지 관점에 고정되지 마라

전체성을 갖는다는 것은 존재의 본질을 따를 수 있음을 의미한
다. 존재의 본질은 끊임없이 움직이며 변화하기 때문이다. 한 가
지 편파적인 관점에 고착되면 존재의 본질의 빠른 움직임을 따라
갈 수 없다.

행동에서 전체성이란?

행동은 옳고 그름의 문제가 아니다. 행동이 온전하지 못하고 편
파적일 때 옳고 그름을 따진다.

전체적인 존재

유기체는 전체로서 제 기능을 수행한다. 우리는 작은 부분의 단순한 총합이 아니라, 유기체를 이루는 제각기 다른 작은 조각들이 교묘하게 **협조하는** 존재다. 우리는 간이나 심장을 **가진** 존재가 아니다. 우리가 바로 간이고 심장이고 뇌이고 기타 등등**이다**.

전체를 본다는 것에 대하여

전체를 보기 위해서는 철저히 아웃사이더(제삼자)가 되어야 한다.

03 ——— Tao

도

도의 역사

중국인이 가장 중요하게 생각하는 것, 즉 사물의 기원은 무無, 공허, 전적으로 확인되지 않은 것, 추상적인 우주인데, 이것을 도道라고 부르기도 한다. 공자 시대 이전에 '도'라는 말은 길 또는 행동의 길을 의미했다. 공자는 이 말을 도덕적·사회적·정치적으로 올바른 행동의 길을 뜻하는 철학적 개념으로 사용했다. 도교 신자들은 '도'라는 말을 모든 것의 전체성, 즉 철학자들이 '절대 존재'라고 부르는 개념과 같은 뜻으로 사용했다. '도'는 모든 사물을 구성하는 기본 요소로, '단순한' '무형의' '무욕의' '힘쓰지 않는' '최고의' 만족이라는 의미로 사용되었다.

《도덕경》에서 말하는 온유함

도교의 경전인 《도덕경道德經》에서 노자老子는 온유함의 가치를 우리에게 가르쳐준다. 일반적인 믿음과 달리 노자는 부드러움과 유연함을 뜻하는 음의 원리가 우리의 삶 및 생존과 연관된다고 말한다. 즉, 사람은 굴복할 수 있기 때문에 생존할 수 있다는 것이다. 반대로 엄격함과 단단함의 의미를 가진 양의 원리는, 외부의 압박을 받으면 부서지고 만다고 말한다.

도와 일체가 되었던 개인적 경험

나는 배 위에 누워 있을 때 도와 일체가 되었음을 느꼈다. 그때 나는 자연과 하나가 되었다. 나는 배에 누워 배가 제멋대로 떠다니도록 내버려두었다. 그 순간, 나는 상대방이 배타적인 존재가 아니라 상호 협조적인 존재라는 느낌이 마음속에 스며들었다. 그때 내 마음에는 어떤 갈등도 자리 잡지 않았고, 온 세상이 내 안에서 하나가 되었다.

도와 공허

도와 동화될 때 그 밑바탕에는 온순함, 유연함, 영적 가난, 고요함이 자리 잡고 있다. 이런 개념들은 종종 한마디로 '공허'로 표현된다. 공격적인 정신은 쇠퇴하고 자만심은 무너지게 되어 있고, 폭력은 결국 패배로 끝나게 마련이다. 이것들은 모두 도를 실생활에서 잘못 이해하고 적용한 데서 비롯된다.

347

도교의 철학

도교는 우주의 필연적 통합(일원론) 또는 회귀, 양극(음과 양), 윤회, 모든 차별의 철폐, 모든 기준의 상대성, 원초적인 것으로의 만물 회귀, 천부적 지성, 모든 사물의 근원 등을 주장하는 철학이다. 여기서 다투고 논쟁하려는 욕심, 이익을 쟁취하려는 투쟁심을 없애라는 교훈이 나온다. 그러므로 기독교의 산상수훈에서 겸손과 온유함을 가르친 것도 합리적 근거가 있다. 사람은 온유한 기질을 타고난다. 도교도 무저항과 온유함의 중요성을 강조한다.

도는 진리다

영어에 '도'라는 말과 똑같은 단어는 없다. 도를 '길' '원칙' '법칙'으로 번역하는 것은 지나치게 좁게 해석하는 것이다. 어떤 단어도 그 의미를 완전히 대체할 수는 없지만, 나는 '진리'라는 말을 사용해왔다.

04 ——— Truth

진리

진실하고 정직해야 한다

사람은 진실하고 정직해야 한다. 다른 사람이 정해놓은 계획을 맹목적으로 따르지 말고 끊임없이 독립적으로 탐구해야 한다.

문제가 있는 곳에 진리가 있다

문제를 탐구할 때는 진리를 찾아야 한다. 문제는 답과 떨어져 있지 않으며, **문제가 바로 답이다.** 문제를 이해하는 것이 곧 문제를 해결하는 것이다. 증명을 위해 보편적 정의를 내릴 수 있다고 보는 것은 잘못된 생각이다.

명제에서 진리를 판단하라

명제는 다음의 경우에 참이다.

· 모든 명제가 세상의 사실과 부합하는 경우.

· 모든 명제가 특정한 사실을 묘사하는 상징인 경우(음계音階가 그런 경우다) 묘사가 참이면 명제도 참이다.

· 정의하기 힘든 견해.

· 일관된 견해.

· 모든 명제가 명제들이 속한 집합과 잘 어울리고 서로 모순되지 않은 경우.

· 경험을 주어와 술어로 나눌 수 없는 경우.

· 경험을 하나의 전체로 취할 수 있는 경우.

· 실재가 일관성 있는 경우.

서술에서 진리를 판단하라

실재에 대한 서술이 그 실재와 관련된 다른 서술과 모순되지 않으면 그 서술은 참이다.

믿음에서 진리를 판단하라

사람들의 기대를 저버리지 않고 믿음에 따라 행동할 수 있으면(그런 경우에만) 믿음은 참이다.

자연 속의 진리

자연은 모든 것에 진리의 요소가 있다는 사실을 가르쳐준다. 비록 가끔은 잘못 가르쳐줄 때도 있지만.

진리를 추구하는 사람은 있는 그대로 산다

진리가 무엇인지 찾으려는 열망이 매우 깊은 사람은 스타일에 전혀 얽매이지 않는다. 그는 오직 있는 그대로의 자신으로 살 뿐이다.

진리는 개인적으로 경험되어야만 의미가 있다

뚱뚱한 사람은 배고픔이 있다는 것을 믿지 못한다. 그것은 직접 경험하고 이해해야만 알 수 있다. 당신이 살아가는 데 필요한 힘을 주기 위해 어느 누구도 당신 대신 음식을 먹고 소화해줄 수는 없다.

진리를 깨닫는다는 것

무엇을 얻으려고 애쓰는 마음을 버릴 때 진리가 다가온다. 당신
은 굳이 어떤 사람이 되려고 노력할 필요가 없다. 마음이 모든 것
에 잠잠하게 귀를 기울일 때 진리를 깨달을 수 있다.

진리의 패러다임

나는 전에 "진리는 지도상의 어디에도 없다"라고 말한 적이 있
다. 당신의 진리는 나의 진리와는 다르다. 처음에는 이것이 진리
라고 생각했는데 나중에 다른 진리를 발견하고는 이전 진리를 부
인할 수도 있다. 그러나 어쨌든 당신은 진리에 더 가까이 다가선
것이다. 어쩌면 무엇이 진리가 아닌지 더 많이 알수록 진리에 훨
씬 가까이 다가가는 것일 수도 있다. 예를 들어 고통을 경험했다
고 해서 꼭 고통을 이해하고 받아들였음을 의미하지는 않는다.
심지어 그 존재를 부정할 수도 있다. 또 모든 사람이 고통을 같은
방식으로 이해하고 같은 결론에 도달하지도 않는다. 우리가 할
수 있는 일은 전문 병원에서 자세히 검사하는 것뿐이다. 그러나
내가 고통이 '있다'고 말할 때에는 내가 '어떤 **것**'을 경험하고 있
음을 의미하지만, '어떤 **것**'이 나 자신이 아닌 다른 누군가와 관련
되었을 때에는 이해하기가 어려운 것 같다. 나는 그러한 어려움
이 말의 뜻을 이해하기 힘들다는 차원의 의미론적 어려움을 넘어

이해 불가능성을 의미한다고 본다. 특정한 개념, 생각, 단어가 모국어로 표현되는 경우, 의미상으로는 우리 모두 그런 생각, 개념, 단어에 같은 방식으로 반응하기 때문이다.

진리에는 한계가 있을 수 없다

진리는 구조화되거나 한정될 수 있는 것이 아니다. 중심도 없고 둘레도 없는 곳에 진리가 있다.

진리는 체계화되지 않는다

당신은 진리를 체계화할 수 없다. 이는 물 1파운드를 포장지 안에 넣어 모양을 만들려는 것과 같다.

진리로 무장하라

진리로 당신을 무장시켜라. 진리를 열심히 공부하고 궁극적 성취를 위한 계획과 단계를 즐겨라. 편향된 교육으로는 진리에 도달할 수 없다. 진리에는 '당신의 스타일'도 '내 스타일'도 없다. 문제에 대한 지성의 이해만 있을 뿐이다.

진리의 길

진리의 길은 진리를 추구하고, 진리(그리고 그것의 존재)를 인식하고, 진리를 지각하고(그것의 실체와 방향, 움직임을 지각하는 것), 진리를 이해하고, 진리를 경험하고, 진리를 터득하고, 진리를 잊고, 진리가 전해지는 경로도 잊고, 진리의 근원이 되는 원천으로 돌아가고, 어떤 곳에도 진리를 담아두지 않는 것이다.

최고의 철학자들은 진리를 이해하기 위해 진리를 실천한다

도교에 따르면, 최고의 철학자들도 진리를 이해하기 위해 진리를 꾸준히 실천한다. 크리슈나무르티는 진리를 알기 위해서는 부분만을 봐서는 안 되며 전체를 봐야 한다고 지적했다.

진실해지는 것에 대하여

내일 어리석은 실수를 하지 않으려면 오늘 진실을 말하라.

진리는 일상생활이다

진리와 진리의 길은 단순한 일상생활의 움직임에서도 나타난다. 이 때문에 많은 사람들이 진리를 놓친다(진리를 추구하기에 그것을 놓치는 것이다). 사실 비밀은 진리를 찾으려고 애쓰느라 오히려 진리를 못 본다는 것이다. 진리는 여기에 있는데 사람들은 그 단순한 진리를 치장하고 싶어 한다. 뱀에 굳이 다리를 달려고 하는 셈이다.

진리는 우리를 자유롭게 하는 촉매제다

'우리를 자유롭게 해주는 진리'는 직접적인 인식에서 비롯된다. 그것은 지식의 대상으로서의 진리가 아니라, 구체적이며 실존적인 자각 속에서 생생하게 체험되는 진리다.

분노와 진리

진리가 밝게 빛나는 사람은 분노하는 법이 없다.

진리는 찬반을 초월한다

좋은 것만 취사선택하는 사람들에게 완벽한 길은 어려운 길에 불과하다. 좋아하지도 말고 싫어하지도 마라. 때가 되면 모든 게 분명해질 것이다. 천국과 지옥은 종이 한 장 차이다. 진리가 당신 앞에 뚜렷이 서 있게 하고 싶으면 무엇을 좋아하거나 반대하지 마라. 좋아하거나 반대하는 것 사이의 갈등이 가장 나쁜 마음의 병이다.

진리는 전인미답의 길이다

진리의 길은 전인미답前人未踏의 길이다. 길이 없는 길이다. 진리는 전무후무한 완전한 표현이다. 살아 있는 것에 도달하는 데 어떻게 방법이나 체계가 있을 수 있겠는가? 정적靜的인 것, 고정된 것, 죽은 것으로 가는 데에는 정해진 길이 있지만, 살아 있는 것에는 길이 없다. (Truth is a pathless road. A road that is not a road. It is total expression that has no before or after. How can there be methods and systems by which to arrive at something that is living? To that which is static, fixed, dead, there can be a way, a definite path, but not to that which is living.)

진리에 대한 관점은 상황에 따라 변한다

나도 계속 성장하는 사람으로서 꾸준히 변하고 있다. 내가 몇 달 동안 진실이라고 생각했던 것이 지금은 그렇지 않을 수도 있다.

진리는 정형화된 틀이나 패턴 밖에 있다

진리는 모든 틀이나 패턴 밖에 존재한다. 의식은 결코 배타적이지 않기 때문이다. 진리는 정해진 생각도 아니고 어떤 결론도 결코 아니다. 스타일이나 방법은 결론이지만, 삶의 진리는 과정이다.

무엇이 참인지 스스로 찾아라

지금 바로 자유로운 분위기를 조성해보라. 무엇이 참인지 스스로 발견하고 그 안에서 살 수 있을 것이다. 또 진리를 그저 따르는 것이 아니라 진리를 이해하는 능력을 간직한 채 세상을 바라볼 수 있을 것이다. 우리는 물이 따뜻한지 차가운지 스스로 알 수 있는 것처럼, 이런 경험을 스스로 확신해야 한다. 그때야 비로소 그 경험은 실재가 된다.

장식에 불과한 것들은 다 버려라

사소한 것은 피하고 장식적인 것은 버려라.

최고의 진리

최고의 진리에는 상징도 스타일도 초인적인 것도 없다.

진리는 책에서 찾을 수 있는 것이 아니다

진리는 책에서 찾을 수 없다. 더욱이 그런 책은 당신이 진리를 찾는 길을 방해할 뿐이다. 진리를 찾으려면 다른 사람의 견해나 책에만 의존해서는 안 되며, 독립적인 탐구가 필요하다.

'달을 가리키는 손가락'

이 책에 담긴 문장들은 기껏해야 '달을 가리키는 손가락'일 뿐이다. 달을 가리키는 손가락에 신경 쓰거나 손가락에 시선을 집중하지 마라. 그러면 하늘의 아름다운 모습을 놓칠 것이다. 손가락의 용도는 그 손가락을 가리키는 것이 아니라, 손가락과 모든 것을 비추는 빛을 가리키는 것이다.

공허, 최종 종착지

친구여, 나는 지금 떠나야 한다. 당신 앞에는 긴 여정이 놓여 있다. 당신도 가볍게 떠나야 한다. 지금부터 선입관적 결론이라는 짐을 모두 내려놓고 모든 것, 모든 사람 앞에 자신을 열어라. 기억하라, 친구여. 잔은 비어 있을 때 쓸모 있다는 것을.

끝은 곧 시작이다

그러므로 시작과 끝은 바로 옆집의 이웃과 같은 것이다. 음계를 보면, 가장 낮은 음에서 시작해 점차 높은 음으로 올라간다. 가장 높은 음에 도달하면 그것이 가장 낮은 음 옆에 있음을 알게 된다. 알면서 모르는 것처럼 하는 것, 그것이 지혜의 최고 단계다.

물이 되어라, 친구여 – 이소룡 어록

초판 1쇄 발행 | 2018년 11월 27일
초판 3쇄 발행 | 2023년 7월 15일

지은이 | 이소룡
엮은이 | 존 리틀
옮긴이 | 홍석윤
펴낸이 | 이은성
기　획 | 김경준
편　집 | 김무영, 문해순
디자인 | 최승협
펴낸곳 | 필로소픽
주　소 | 서울시 종로구 창덕궁길 29-38, 4-5층
전　화 | (02) 883-9774
팩　스 | (02) 883-3496
이메일 | philosophik@naver.com
등록번호 | 제2001-000133호

ISBN 979-11-5783-129-6 03190

필로소픽은 푸른커뮤니케이션의 출판 브랜드입니다.